高职高专"十二五"规划教材

航空国际货物运输

王益友　主编　　朱益民　主审

方洪仙　副主编　　汤志强　副主审

U0367222

化学工业出版社

·北京·

本书全面系统地阐述了国际航空货运的基础知识；相关法律法规；货运单的构成和制作；运费及其他费用的计算方法；特种货物运输操作程序；出口货物的收运和进口货物的交付步骤；集装器的管理和使用；货物灭损的赔偿程序、赔偿标准及诉讼仲裁规则。

本书根据国际航空运输协会的最新规则，结合航空货运运输实践状况，力求清晰易懂、便于操作。

本书为高职高专民航运输类专业教材，特别适用于民航运输专业、地面服务专业、空中乘务专业、空中安全保卫专业和民航财务专业使用。同时，该书也可作为各类航空公司上岗培训教材，还可作为国际国内货运代理公司、物流公司、快递公司从业人员上岗前获得从业资格证书的培训教材。

图书在版编目（CIP）数据

航空国际货物运输/王益友主编． —北京：化学工业出版社，2013.1
高职高专"十二五"规划教材
ISBN 978-7-122-15977-9

Ⅰ．①航⋯ Ⅱ．①王⋯ Ⅲ．①航空运输-国际货运-高等职业教育-教材 Ⅳ．①F560.84

中国版本图书馆CIP数据核字（2012）第288618号

责任编辑：陈有华 旷英姿 文字编辑：向 东
责任校对：宋 玮 装帧设计：王晓宇

出版发行：化学工业出版社（北京市东城区青年湖南街13号 邮政编码100011）
印 装：北京科印技术咨询服务有限公司数码印刷分部
787mm×1092mm 1/16 印张10 字数233千字 2013年3月北京第1版第1次印刷

购书咨询：010-64518888 售后服务：010-64518899
网 址：http://www.cip.com.cn
凡购买本书，如有缺损质量问题，本社销售中心负责调换。

定 价：39.00元

序言
FOREWORD

——中国货运航空公司总裁　朱益民

自改革开放以来，中国经济突飞猛进，国民生产总值跃居世界第二，其中国内外贸易迅猛发展，航空货运业务蒸蒸日上。著名的飞机制造公司——空中客车公司在其《全球市场报告》中指出：从2006年到2025年的20年里，中国的航空货运将增长6倍，共需要近400架货机，中国的航空货运将保持较高的增长速度，其中国内货运的年均增幅将达到10.9%，国际货运的年均增幅将达到8.9%。波音公司则在其《全球航空货运市场预测》中指出："中国国内航空货运市场的运输量将增长7倍以上，中国市场占世界航空货运总量的份额将增长1倍以上。"

截至2012年4月，中国境内共有已颁发公共航空运输企业经营许可证的航空公司46家，其中全货运航空公司10家。2011年，共有106家外国航空公司执飞中国内地，其中全货运航空公司18家。这之中包括了以高端快件业务为主的货运航企，如联邦快递、UPS和EMS等；以普货运输为主的传统货运航企，如国泰货运、汉莎货运和国内三大航旗下的货运公司等。国内外企业摩拳擦掌，皆欲在中国航空货运这一蓬勃发展的市场上取得骄人业绩。

中国国内各家航空公司对航空货运业务，也经历了从以往的"轻货重客"向"客货并举"的战略转型，国内主要航空公司在运力和基础设施建设上加大了对货运的投入力度，引进大型全货机投入国内、国际货运航线的运营，欲与国际同行一比高下。

中国航空货运产业快速发展的同时，也暴露出经验丰富、专业知识扎实的人才匮乏这一短板，极大制约了中国航空货运的发展，使得国内许多航空货运企业在向专业化、规模化和高端集约化企业转型之路中进展缓慢，无法与国际上的同行业进行竞争。现代航空货运人才所要掌握的技能，不再是单纯的运输和调度，而是要本着"以客为尊、倾心服务、延伸服务、全方位服务、增加航空运输的附加值"的理念、熟悉航空货运各环节业务流程与规则、能够熟练地应用计算机网络技术、优化航空货运各环节等。

目前，很多高职高专学校开设了航空货运、物流的课程，旨在培养航空货运领域的专门人才。为此我们组织了我公司一批在航空货运领域有着多年从业经验的专家，编写了这套航空货运的核心教材。从内容体系上来看，这套教材全面、系统地阐述了航空货运领域各项基础业务、主要业务的操作环节，语言浅显易懂，便于理解。从编者的编写意图上看，该套教材着眼于应用人才的培养，在介绍基本原理、规则方法的同时，通过案例分析清楚说明了重点业务的操作规范，具有很强的操作性和应用性。纵观全书，该套教材结构严谨、内容翔实、操作性强、语言浅白，充分体现了理论和实践相结合的原则，非常适合高职高专院校中航空货运、航空物流专业，航空货运代理专业、空乘专业、民航财务专业、空中安全保卫专业、地面服务专业的学生学习。

最后，希望该教材的出版和发行，成为我国航空货运专业人才培养的良师益友，并为进一步完善我国的航空货运学科的体系建设贡献一份力量。

前言
FOREWORD

伴随全球化的不断深入与中国经济进一步融入世界经济体系，中国航空货运迅猛发展，成为中国改革开放取得巨大经济成就的重要助推力量。改革开放三十多年来，中国航空货运表现出总量迅速增长、政策法规日益完善、企业运作水平逐步提高等特点。

面对这样一个蓬勃发展的朝阳行业，目前国内很多高职高专院校都开设了航空运输专业以及与航空运输专业相关的空乘专业和地面服务专业，培养该领域的专门人才。为了满足学校教学需要，我们组织了中国货运航空公司的资深专家，编写了此教材。本教材具有如下特点：

1.内容丰富，要点突出。本教材将航空货运的各项业务与行业规范，全面、系统地加以阐述；着重描述了航空货运的基础业务、重点业务，介绍了国际航空运输协会（IATA）的最新规则。

2.立足实务，操作性强。本教材由中国货运航空公司的工作人员根据多年积累的经验编写而成，详细阐述了相关业务的操作细节，具有很强的操作指导性。

3.结合案例，易于理解。本教材运用案例对行业操作规范与国内、国际规则与法律的适用加以说明，叙述清晰、易懂，便于读者学习与掌握。本书为高职高专民航运输类专业教材，也可作为航空公司货物运输、国际和国内货运代理公司、物流公司从业人员的培训教材并可作为考取相关证书的培训教材。

本教材在编写过程中，得到了作者单位有关领导的大力支持，在此表示由衷地感谢。

本教材由王益友主编、方洪仙副主编，参加编写的还有程颖、王重华、孙梅、张祎、杜文博、刘慧。

中国航空货运业发展迅猛、知识更新快，作为民航运输类专业的教材，在今后的使用过程中，我们也将不断对内容进行更新和完善。希望专家和读者提出宝贵的意见，使本书日臻完善。

编　者

2012 年 10 月

CONTENTS

目 录

航空国际货物运输

5
CHAPTER

第五章
特种货物运输

Page
094

第六章   Page
货物运输及运输变更   121

第七章   Page
集装器简介   126

8
CHAPTER

第八章
货物的到达和交付

Page

134

9
CHAPTER

第九章
责任与赔偿

Page

141

第一章

国际航空运输概论

学习目标

1. 了解航空运输的发展和一些主要的国际组织。
2. 熟悉IATA区域、机型和TACT手册。
3. 掌握飞行小时的计算、航空公司代码、机场和城市代码及操作代码等。

第一节
航空货物运输的发展

一、国际航空货物运输

1.《华沙公约》规定的国际运输

《华沙公约》全称《统一国际航空运输某些规则的公约》，1929年10月12日签订于华沙。这一公约主要规定发生飞行事故之后的赔偿责任，1933年2月13日起生效。公约共分5章41条，对国际航空运输的定义、运输凭证和承运人责任作了明确规定，还规定了国际航空运输有关的文件格式。

"《华沙公约》规定的国际运输"是指根据当事人签订的合同，无论运输中有无间断或者转运，该项运输出发地点和目的地点是在两个《华沙公约》缔约国的领土内，其中一个或两个缔约国没有批准《海牙议定书》或者在一个《华沙公约》缔约国但是没有批准《海牙议定书》的国家领土内，而在另一个国家领土内有一个约定的经停点，即使该国不是《华沙公约》缔约国。

2.《海牙议定书》规定的国际运输

1955年9月28日签订的《海牙议定书》修改了《华沙公约》，中华人民共和国政府分别于1958年7月20日和1975年8月20日批准《华沙公约》和《海牙议定书》。

"1995年在海牙修改的《华沙公约》规定的国际运输"是指根据当事人签订的合同，无论运输中有无间断或者转运，该项运输出发地点和目的地点是在两个批准《海牙议定书》的国家领土内，或者在一个批准海牙议定书的国家领土内，而在另一个国家领土内有一个约定的经停地点，即使该国没有批准《海牙议定书》。

3.《中华人民共和国民用航空法》规定的国际航空运输

1995年10月30日第八届全国人民代表大会常务委员会第十六次会议通过了《中华人民共和国民用航空法》，并于1996年3月1日起施行。

《中华人民共和国民用航空法》第一百零七条规定：国际航空运输是指根据当事人订立的航空运输合同，无论运输有无间断或者有无转运，运输的出发地点，目的地点或者约定的经停地点之一不在中华人民共和国境内。

二、航空货物

在航空运输中，货物（cargo）被定义为飞机载运的任何物品，它不包括邮件和持有效客票及行李票（简称客票）的旅客旅行所携带的行李（作为货物运输的行李除外）。

国际航空货物运输是发生在一国以上国家之间的运输，因此，必须遵守各国的航空制度，本国和外国飞机的飞行与国际航空制度，货物的空运规则，各国货物的进出口、转口规定，以及各国承运人的规定等，由此可见，国际航空货物运输远比国内航空货物运输（货物运输的始发、经停、目的地均在中华人民共和国境内的运输）要复杂得多。

三、航空货物运输发展史

第二次世界大战前，航空货物运输仅仅局限于运输邮件和急需品（药品等）。第二次世界大战期间，即1939年至1945年，由于军事需求，航空货物运输取得了惊人的发展。其后，航空货运的进步主要产生于机型的设计以及军用航空向民用航空的转变。经过多年的发展，航空货物运输业已成为世界航空运输业中一个不可缺少的重要组成部分，尤其是引进了宽体飞机和全货机之后。当然，航空货物运输业是随着整个航空运输业的发展壮大而发展的。

20世纪50年代开始使用全货机来进行货物的运输，主要有以下机型。

①DC-3型飞机，能装载3t货物（见图1-1）；

图1-1　DC-3型飞机

②洛克菲勒L-188型飞机，能装载14t货物（见图1-2）。

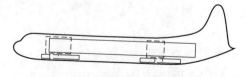

图1-2　洛克菲勒L-188型飞机

③20世纪60年代开始使用较大载量的B-707型飞机，可装载30t货物（见图1-3）。

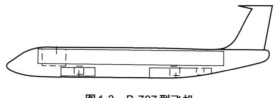

图1-3　B-707型飞机

④20世纪70年代起至今使用更大载量的全货机，如B-747-200F型飞机，可装载120t货物（见图1-4）。

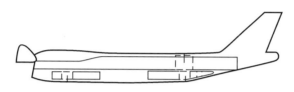

图1-4　B-747-200F型飞机

四、国际航空货物运输流程

1.国际货物运输部门分布

国际货物运输部门主要负责货物的出口和进口业务。国际出口业务包括市场营销、货物收运、吨位控制、货物配载和货物查询；国际进口业务包括接机、分单、货物交付和货物查询。仓库管理也是不可分割的重要组成部分（见图1-5），而且随着业务的不断发展，国际货物运输部门也不断地在进行调整。

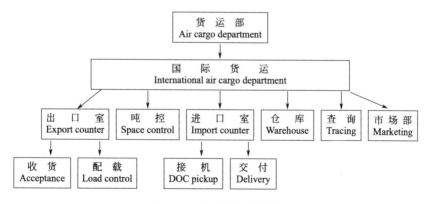

图1-5　国际货物运输部门

2.国际货物运输流程

国际货物运输主要有货物托运、货物收运、货物运送、货物的到达和交付等程序。

图1-6所示为出口货物操作系统：出口货物收运→小件货物储存区→普通货物上自动货架→重货与特种货物储存区→装客机货物或装货机货物。

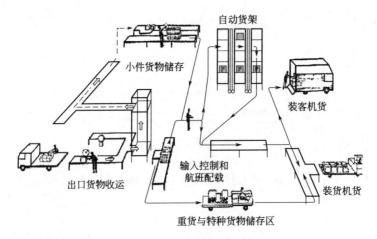

图1-6 出口货物操作系统

图1-7所示为进口货物操作系统：进口货物到达→货物舱单检查→同一公司间转运货物→不同公司间转运货物→散货储存区→重货与特种货物储存区→报关区→进口货物提取。

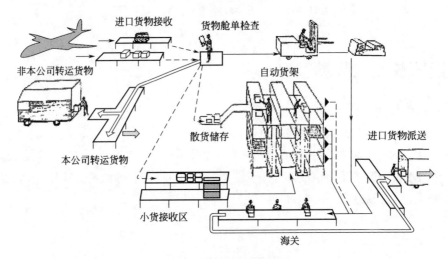

图1-7 进口货物操作系统

第二节
国际航空运输组织简介

一、国际民用航空组织

国际民用航空组织（International Civil Aviation Organization，ICAO）是《芝加哥公约》的产物，是协调各国有关民航经济和法律义务，并制定各种民航技术标准和航行规则政府间的国际组织。第二次世界大战之后，为解决民用航空发展中的国际航空运输业务权等国际性问题，1944年11月1日至12月7日在芝加哥召开了有52国参加的国际民用航空会议，签订了《国际民用航空公约》，简称《芝加哥公约》，并根据国际民用航空临时协定成立了临时国际民用航空组织。1947年4月4日《国际民用航空公约》生效并正式成立了国际民用航空组织（ICAO）。同年5月成为联合国的一个专门机构。至1990年，已有161个成员国。国际民用航空组织的总部设在加拿大的蒙特利尔。

根据《芝加哥公约》第四十四条规定，国际民航组织的宗旨和目的是发展国际民航的原则和技术，促进国际航空运输业的规划和发展：

① 保证全世界国际民用航空安全地和有序地发展；

② 鼓励为和平用途的航空器的设计和操作艺术；

③ 鼓励发展用于国际民用航空的航路、机场和航行设施；

④ 满足世界人民对安全、正常、有效、经济的航空运输的需求；

⑤ 防止因不合理的竞争造成经济上的浪费；

⑥ 保证缔约各国的权利充分受到尊重，每一缔约国均有经营国际空运企业的公平机会；

⑦ 避免缔约各国之间的差别待遇；

⑧ 促进国际航行的飞行安全；

⑨ 普遍促进国际民用航空在各方面的发展。

以上9条归纳起来为国际航行和国际航空运输两个方面的问题。前者为技术问题，主要是安全；后者为经济和法律问题，主要是公平合理、尊重主权。其共同目的是保证国际民用航空安全、正常、有效、经济和有序地发展。

国际民用航空组织的最高权力机构是"大会"（Assembly）。大会由理事会在适当的时间和地点，每三年至少召开一次。经理事会召集或1/5以上的缔约国向秘书长提出要求，可以随时举行大会特别会议。理事会是向大会负责的常设机构，由33个理事国组成，由每届大会选举产生。在大会休会期间，理事会代表所有缔约国处理日常事务。

理事会为了执行《芝加哥公约》第五十四条规定所赋予的任务，建立了航空运输委员会、航行委员会、财务委员会、防止非法干扰委员会、联营导航委员会和法律委员会。

秘书处是国际民航组织的常设行政机构，由秘书长负责保证国际民航组织各项工作的顺利进行。秘书长由理事会任命。国际民航组织的日常办事机构设有航空技术局、航空运输局、法律局、技术援助局和对外关系办公室，这些机构统一在秘书处领导下工作。

秘书处下有一个地区事务处和7个地区办事处。这7个地区办事处分别是：

① 西非和中非地区办事处，设在达喀尔（塞内加尔）；

② 亚太地区办事处，设在曼谷（泰国）；

③ 东非和南非地区办事处，设在内罗毕（肯尼亚）；

④ 欧洲地区办事处，设在巴黎（法国）；

⑤ 中东地区办事处，设在开罗（埃及）；

⑥ 南美地区办事处，设在利马（秘鲁）；

⑦ 北美、中美和加勒比地区办事处，设在墨西哥城（墨西哥）。

这些地区办事处直接由秘书长领导，其主要任务是协助和协调所在地区缔约国在执行公约和附件时所遇到的问题，寻找解决办法，落实执行情况。

国际民航组织的主要活动包括：通过制定国际民航公约的18个技术附件及多种技术文件和召开各种技术会议，逐步统一国际民航的技术业务标准和管理国际航路的工作制度。通过双边航协的登记、运力运价等方针政策的研讨、机场联检手续的简化、统计的汇编等方法以促进国际航空运输的发展，通过派遣专家顾问、建立训练中心、举办训练班及其他形式，以执行联合国开发计划署向缔约国提供的技术援助；管理公海上的联营导航设备；研究国际航空法，组织拟订和修改涉及国际民航活动的各种公约，根据缔约国的建议和议事规则通过大会、理事会、地区会议以及特别会议讨论和决定涉及国际航空安全和发展的各种重要问题。

中国是国际民航组织的创始国之一。1944年12月9日，当时的中国政府在《芝加哥公约》上签字，并于1946年2月20日批准该公约，并于1947年当选为第二类理事国。但是1949年，中国在该组织的合法权利被剥夺。1971年，中国恢复在联合国的合法席位后，也恢复了在国际民用航空组织的合法权利。同年11月19日，国际民航组织第74届理事会通过决议，承认中华人民共和国政府为中国唯一合法的政府。1974年2月15日我国决定承认《国际民用航空公约》和有关修正协议书，并自该日起参加国际民航组织的活动。我国自1974年起连续当选为理事国，并在蒙特利尔设有常驻国际民航组织理事会的中国代表处。

二、国际航空运输协会

国际航空运输协会（International Air Transport Association，IATA）是世界航空运输企业自愿联合组织的非政府性联合组织。其宗旨是"为了世界人民的利益，促进安全、正常而经济的航空运输"、"对于直接或间接从事国际航空运输工作的各空运企业提供合作的途径"、"与国际民航组织以及其他国际组织通力合作"。

凡国际民航组织成员国的任一经营定期航班的空运企业，经其政府许可都可以成为该协会的成员。经营国际航班的航空运输企业为正式成员，只经营国内航班的航空运输企业为准会员。

国际航空运输协会成立于1945年，协会总部设在加拿大的蒙特利尔。在蒙特利尔和瑞士的日内瓦设有总办事处。在日内瓦设有清算所。在曼谷、内罗毕、里约热内卢、新加坡等地区设有地区办事处。

国际航空运输协会的主要活动有：
① 协商制定国际航空客货运价；
② 统一国际航空运输的规章制度；
③ 通过清算所统一结算各会员间以及会员与非会员间联运业务账目；
④ 开展业务代理；
⑤ 进行技术合作；
⑥ 协助各会员公司改善机场布局和程序标准，以提高机场运营效率等。

三、业务权

1.国内业务权

任何外国航空公司的国际航空线涉及我国国内航段的飞行，除本航空公司的免费人员，家属的免费行李以及经营协议航班所使用的免费备件和供应品外，不能载运我国国内的客、货、邮（包括自国外的联程客、货、邮）。

2.国际航班飞行

第一国家对其领空有完全排他的主权，根据1944年《芝加哥公约》的原则，国际定期航班飞行及业务权要经过两国政府谈判签订航空运输协议解决，临时性飞行（包括过境飞行）也要获得对方政府的批准。

3.《芝加哥公约》规定的五种空中自由权（或业务权）

我国是1944年《芝加哥公约》的成员国。

关于五种空中自由权归纳说明如下：

① 飞越而不在授权国领土内降停的权力（第一种"自由"）；

② 飞入授权国领土内并在该国一地或数地作非商业性降停的权力（第二种"自由"）；

③ 飞入授权国领土内并在该国领土卸下来自承运人所属国家的客、货、邮的权力（第三种"自由"）；

④ 飞入授权国领土并在该国领土装上前往承运人所属国家的客、货、邮（第四种"自由"）；

⑤ 飞入授权国领土以便装上前往第三国或卸下来自第三国的客、货、邮的权力（第五种"自由"）。

第五种"自由"可细分为以下三种。

① 始发地前一站第五种"自由"：飞往授权国领土并在该国领土卸下来自或装上前往规定航线上位于承运人所属国前一站的第三国的客、货、邮的权力。

② 中间降停地第五种"自由"：飞入授权国领土内卸下来自或装上前往规定航线上位于两个授权国之间的第三国之间的客、货、邮的权力。

③ 延伸地（或以远地）第五种"自由"：飞入授权国领土并在该国领域卸下来自或装上前往规定航线上位于承运人所属国以外的第三国的客、货、邮的权力。

五种空中自由权中的第三、第四种"自由"是两国通航的基本权力。第五种"自由"不能轻易地给别国，需经双方政府谈判达成协议，我们不能认为两个国家通航了，经营协议航线的运输企业就可以不受限制地载运至全世界各地的客、货、邮，而应依据两个国家航空运输协议规定的权利办理，我国应争取和保护我国的空运资源，争取更多货物由我国民航运输企业承运。

四、销售代理

根据两国国家的航空运输协议，经营协议航线的运输企业通过签订销售代理协议相互委托对方在对方领土内为其销售客货并填制运输凭证。委托方需向代理方支付代理人手续费和附加手续费。目前由委托方在代理方领土内不自行填开运输凭证和可自行出具运输凭证两种。

五、联运协议

各空运企业通过签订联运协议可以相互承认运输凭证，交换运输和相互结算。承运客货的空运企业须向填开运输凭证的空运企业支付代理人手续费。

第三节
IATA区域及飞行时间的计算

一、IATA区域的划分

为了进行管理，IATA设有三大运输会议区域，即IATA 1区、IATA 2区和IATA 3区。

1.IATA 1区

IATA 1区包括南北美洲大陆及相邻岛屿，格陵兰岛，百慕大群岛，西印度群岛和加勒比海群岛，夏威夷群岛（包括中途岛和帕尔米拉岛）。

（1）加勒比海分区

① 美国（除了波多黎哥和美属维尔京群岛）和巴哈马、百慕大群岛、加勒比海群岛，圭亚那、苏利南、法属圭亚那之间。

② 加拿大/墨西哥和巴哈马、百慕大、加勒比海群岛（包括波多黎哥和维尔京群岛），圭亚那、苏利南、法属圭亚那之间。

③ 在巴哈马群岛、百慕大群岛和加勒比海岛屿（包括波多黎哥和维尔京群岛）以内。

④ ③中所述地区与圭亚那、苏利南和法属圭亚那之间。

（2）墨西哥分区

加拿大/美国（不包括波多黎哥、维尔京群岛）和墨西哥之间。

（3）狭长地带分区

① 美国、加拿大、墨西哥和中美洲、南美洲之间。

② 在巴哈马、百慕大、加勒比海群岛、圭亚那、苏利南、法属圭亚那和中美洲之间。

③ 在中美洲和南美洲之间。

④ 在中美洲区域内。

> **注：**
>
> 为了使加勒比海和狭长地带的定义更明确，规定如下：
>
> ——加勒比海群岛包括安圭拉（英属）、安提瓜和巴布达、阿鲁巴（荷）、巴巴多斯、本内尔、英属维尔京群岛、开曼群岛（英）、古巴、酷拉索岛、多米尼加联邦，多米尼加共和国、格林那达、瓜德罗普岛（法）、海地、牙买加、马提尼克、蒙特塞拉特岛（英）、圣基茨岛（尼维斯岛、安挂拉）、圣卢西亚、圣马丁、圣文森特和格林纳丁斯、多巴哥和特里尼达、特克斯群岛（英）和凯克斯群岛（英）。
>
> ——中美洲包括伯利兹、哥斯达黎加、萨尔瓦多、危地马拉、洪都拉斯、尼加拉瓜。
>
> ——南美洲包括阿根廷、玻利维亚、巴西、智利、哥伦比亚、厄瓜多尔、巴拿马、巴拉圭、委内瑞拉。

2.IATA 2区

IATA 2区包括欧洲（包括俄罗斯欧洲部分）及相邻岛屿；冰岛、亚速尔群岛；非洲以及相邻岛屿，亚松森岛、西亚（中东）包括伊朗。

（1）欧洲分区　阿尔巴尼亚、阿尔及利亚、安道尔、亚美尼亚、奥地利、阿塞拜疆、亚速尔群岛、比利时、白俄罗斯、保加利亚、克鲁尼亚、捷克共和国、斯洛伐克、丹麦、爱沙尼亚、芬兰、法国、格鲁吉亚、德国、直布罗陀、希腊、匈牙利、冰岛、爱尔兰、意大利、拉脱维亚、立陶宛、列支敦士登、卢森堡、马德拉群岛、马耳他、摩尔多瓦、摩纳哥、摩洛哥、荷兰、挪威、波兰、葡萄牙、罗马尼亚、俄罗斯（乌拉尔山脉以西）、圣马力诺、斯洛文尼亚、西班牙、瑞典、突尼斯、土耳其、乌克兰、英国、南斯拉夫。

（2）中东分区　巴林、塞浦路斯、埃及、伊朗、伊拉克、以色列、约旦、科威特、黎巴嫩、阿曼、卡塔尔、沙特阿拉伯、苏丹、叙利亚、阿联酋、也门。

（3）非洲分区　中部非洲、东部非洲、印度洋岛屿、阿拉伯加买黑利亚、利比亚地区、南部非洲和西非。

——中非：马维拉、赞比亚、津巴布韦。

——东非：布隆迪、吉布提、埃塞俄比亚、肯尼亚、卢旺达、索马里、坦桑尼亚、乌干达。

——南部非洲：波茨瓦纳、莱索托、莫桑比克、南非纳米比亚、斯威士兰和Umta-ta。

——西印度群岛：摩罗、马达加斯加、毛里求斯、马约特、留尼汪岛、塞舌尔岛。

——西非：安哥拉、贝宁、布斯纳法索、喀麦隆、佛得角、中非共和国、乍德、刚果、科特迪瓦、赤道几内亚、马里坦尼亚、尼日尔、尼日利亚、圣多美、普林西比、塞内加尔、塞拉利昂、多哥、扎伊尔。

3.IATA 3区

IATA 3区包括亚洲及相邻岛屿（不包括已在2区地区）、东印度群岛、澳大利亚、新西兰及相邻岛屿、太平洋内岛屿（不包括已在1区地区）。

（1）南亚次大陆分区　阿富汗、孟加拉国、不丹、印度（包括安达曼群岛）、马尔代夫、尼泊尔、巴基斯坦、斯里兰卡。

（2）东南亚分区　文莱、柬埔寨、中国、关岛、印度尼西亚、哈萨克斯坦、吉尔吉斯坦、老挝、马来西亚、马绍尔群岛、密克罗尼西亚联邦、蒙古、缅甸、北马里亚纳群岛、贝劳、菲律宾、俄罗斯（乌拉尔山脉以东）、乌兹别克斯坦、越南。

（3）西南太平洋分区　东萨摩亚（美）、澳大利亚、库克群岛、斐济群岛、法属波利尼西亚、基里巴斯、瑙鲁、新喀里多尼亚、新西兰、巴布亚新几内亚、西萨摩亚、所罗门群岛、汤加……

（4）日本/朝鲜分区　日本、朝鲜。

二、飞行小时计算

1.标准时和夏令时

大家知道，地球一刻不停地由西向东旋转，为了能确定一个统一的标准，将东西径7°30′划分为一个时区（Greenwich Mean Time，格林威治时间）又称UTC（Universal Time Coordinated，世界时）。

每15°表示1小时，共24小时。如要求计算始发地与目的地之间的时差，只要查一下始发地与目的地所属的时区即可。在某些特定场合，如一个国家或一群岛屿内为了得到统一的当地时间，这一理论体系早已被采纳，这些当地时间是由法律规定的，称为"标准时"——"Standard Clock Time"。例如，中国跨越了从东经73度40分到东经135度2分30秒5个时区，但统一使用北京所在的东8区的时间为中国的标准时间。

有些国家在夏季使用"夏令时"（Daylight Saving Time，DST）使用时有一个期限，查阅时应注意。

有关时区的查阅，请参阅OAG（航空货运指南）手册之"International Time Calculator"（国际时区换算表），表1-1摘录了国际时区换算表中部分国家和地区的标准时和夏令时及生效期间。

表1-1　国际时区表中文版（部分）

国家或地区	标准时	夏令时	夏令时生效期间
澳大利亚 维多利亚时区	+10	+11	28OCT—16MAR
加拿大 东部时区	−5	−4	01APR—27OCT
法国	+1	+2	25MAR—29SEP
中国香港	+8		
英国	GMT	+1	25MAR—27OCT
美国 太平洋时区	−8	−7	01APR—27OCT
赞比亚	+2		

2.飞行小时计算

飞行小时是指自始发地机场至目的机场之间的运输时间，包括中转时间。

航空公司的班期时刻表，其出发时间和到达时间都是以当地时间公布的，所以在计算班期飞行小时时，往往是通过时差来计算的（实际飞行常受风向等因素的影响，所以实际到达时间和班期时刻表公布的到达时间有时会有差异）。

例1-1

Flight　AF 033
Departure from：
Paris，France（PAR）on 12th December at 1230 hours
Arrival in：
Montreal，Canada（YUL）on 12th December at 1355 hours.
Eastern time zone.
What is the total transportation time?
法航033航班12月12日12点30分从法国巴黎起飞，12月12日13点55分到达加拿大蒙特利尔（东部时区），问一共飞行了多少小时？

第一步：查出始发地与目的地机场的时区

PAR = GMT+1

YUL = GMT-5

第二步：将出发和到达时间转换成GMT时间，方法如下：GMT（＋）相减；
GMT（－）相加。

PAR1230 = GMT1230-1 = GMT1130 12th，December

YUL1355 = GMT1355+5 = GMT1855 12th，December

第三步：将到达时间减去出发时间，即得出飞行时间为7小时25分钟。

例1-2

Flight CX 021

Departure from：

Lusaka，Zambia（LUN）on 6th January at 0910

Arrival at

Hong Kong（HKG），on 7th January at 1450

What is the total transportation time?

国泰航空021航班1月6日9点10分从赞比亚卢萨卡起飞，1月7日14点50分到达中国香港，问一共飞行了多少小时？

第一步：查出始发地与目的地机场的时区：

LUN = GMT+2

HKG = GMT+8

第二步：将出发和到达时间转换成GMT时间

LUN 0910 = GMT0910-2 = GMT0710 6th，January

HKG 1450 = GMT1450-8 = GMT0650 7th，January

第三步：将到达时间减去出发时间，即得出飞行时间

0650 7th = 3050 6th

飞行时间 = 3050 6th-0710 6th = 23小时40分钟

第四节
民用航空运输飞机简介

一、按机身宽窄划分

飞机可分为宽体飞机和窄体飞机两种类型。

1. 窄体飞机（Narrow-body　Aircraft）

窄体飞机的机身宽约3m，客舱内有一条过道，这类飞机往往只在其下货舱装运散货（见图1-8）。

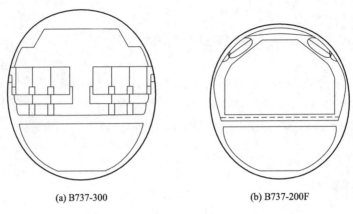

(a) B737-300　　　　　　　　　　　(b) B737-200F

图1-8　窄体飞机

常见的窄体飞机：

Airbus Industries（空中客车系列）	A318，A319，A320，A321
Boeing（波音系列）	B707，B717，B727，B737，B757
Fokker（福克系列）	F100
McDonnell Douglas（麦道系列）	DC-8，DC-9，MD-80series，MD90
Antonov（安系列）	AN-72/74

注：

A320飞机有一种特制的集装器，高117cm，宽体飞机所使用的一般高163cm。

2. 宽体飞机（Wide-body　Aircraft）

宽体飞机的机身较宽，客舱内有两条过道，机身宽度一般在4.72m以上，这类飞机可以装运集装货物和散货（见图1-9）。

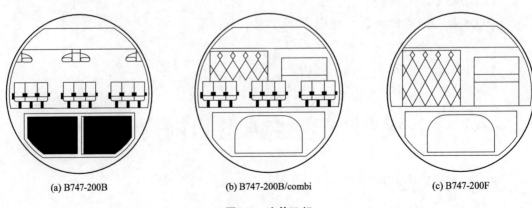

(a) B747-200B　　　　　　(b) B747-200B/combi　　　　　　(c) B747-200F

图1-9　宽体飞机

常见的宽体飞机有：

Airbus Industries（空中客车系列）	A300-B，A310，A330，A340
Boeing（波音系列）	B747，B767，B777
Ilyushin（伊尔系列）	IL-86，IL-96
Locheed（洛克希德）	L1011Tristar
McDonnell Douglas（麦道系列）	DC-10，MD-11
Antonov（安系列）	AN-124

一般货机主要分为两种舱位：主货舱（Main deck）、下货舱（Lower deck），但波音747分为三种舱位：上货舱（Upper deck）、主货舱（Main deck）、下货舱（Lower deck），见图1-10。

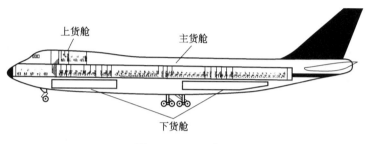

图1-10　B747货机

二、按飞机使用用途划分

民用飞机可分为以下三种。

（1）全货机　主舱及下舱全部载货，如B747-200F。

（2）全客机　只在下舱载货，如B747-200B。

（3）客货混用机　在主舱前部设有旅客座椅，后部可装载货物，下舱内也可装载货物，如B747-200B/combi混合型。

第五节
国际航空货物运输手册的使用

一、《航空货运指南》

《航空货运指南》（Official Air Guide—Cargo）由IATA出版发行，每月出版一期，主要公布航班时刻表和一些相关信息。《航空货运指南》目录见图1-11。

Contents目录	
General information 一般信息	
International time calculator 国际时区换算表	6
Bank and public holidays 银行和公共节假日	8
Airlines of the world 航空公司	11
Air cargo toll free number 免费电话号码	22
Airline designator codes 航空公司两字代码	
Code share 代码共享	24
Airline code number 航空公司数字代码	28
City/airport codes 城市、机场代码	30
Flight routings 航线	38
Aircraft codes 机型代码	46
Origin and destination quick reference 始发地和目的地快速查阅	48
How to use the Worldwide city-to-city schedules 如何使用世界范围城市-城市航班时刻表	
English 英语	102
French 法语	104
German 德语	106
Spanish 西班牙语	108
Italian 意大利语	110
Japanese 日语	112
Chinese 中文	114
Worldwide city-to-city schedules 世界范围城市-城市时刻表	117

图1-11 《航空货运指南》目录

"Worldwide city-to-city schedules"航班信息主要指：全货机；可装载货物的客机。

二、航空货物运价及规则手册（TACT）

1.概述

1975年前，一些航空公司自行出版其运价手册，其中的内容大致相同，但格式却相差甚远。为了减少经济浪费，并使运价手册更加具有实用性，国际航协决定共同出版一本通用的运价手册——TACT（The Air Cargo Tariff）。

2.TACT简介

TACT主要分为三个部分：TACT Rules（TACT规则手册）、TACT Rates——North America（TACT运价手册——北美）、TACT Rates——Worldwide[TACT运价手册——世界范围（除北美）]。

TACT Rules 和 TACT Rates 每4个月出版一期，分别在二月、六月和十月出版。

（1）TACT Rules（TACT规则手册） 内容非常全面，包括了IATA在国际运输中的所有规则。TACT规则手册目录见图1-12。

TABLE OF CONTENTS
1.GENERAL INFORMATION 一般信息
2.ACCEPTANCE FOR CARRIAGE 货物的收运
3.TRANSPORTATION CHARGES 运费
4.SERVICES AND RELATED CHARGES 服务费和相关费用
5.PAYMENT OF RATES AND CHARGES AND CURRENCY CONVERSION 运价和运费的付款方式及货币转换
6.THE AIR WAYBILL 航空货运单
7.INFORMATION BY COUNTRIES 国家信息
8.CARRIERS' SPECIAL REGULATIONS 承运人的特殊规定

图1-12 TACT规则手册目录

（2）TACT Rates——Worldwide 世界范围（除北美）运价手册　世界范围（除北美）运价手册包含了除北美的至全世界的运价（见图1-13）。

THE AIR CARGO TARIFF-WORLDWIDE运价手册——世界范围(除北美)
1.SPECIAL RATES　特殊运价
2.DESCRIPTIONS　指定商品运价品名编号
3.NOTES　注解
4.RATES　航空运价表
5.CONSTRUCTION RATES　比例运价表

图1-13　运价手册——世界范围（除北美）目录

（3）TACT Rates——North America（TACT运价手册——北美）　TACT运价手册——北美，包含了从北美出发或到达北美的运价（见图1-14）。

THE AIR CARGO TARIFF-NORTH AMERICA运价手册——北美
1.SPECIAL RATES　特殊运价
2.DESRIPTIONS　指定商品运价品名编号
3.NOTES　注解
4.RATES　航空运价表
5.CONSTRUCTION RATES　比例运价表
6.DOMESTIC/TRANSBORDER RATES　国内和边境运价

图1-14　运价手册——北美目录

三、航空运输代码简介

在航空运输当中，一些名词的代码往往比全称重要得多。在航空货运中，由于单证的大小限制、操作的方便程度等缘故，使得货运的整个流程中代码的作用非常显著，它起到简洁、节省空间、容易识别等优点，因此在此介绍一下在航空货运当中有关的代码。

1.国家代码

在航空运输当中，国家的代码用两字代码表示。表1-2是常见的国家两字代码。

表1-2　常见的国家两字代码

英文全称	中文全称	两字代码
China	中国	CN
United States of America	美国	US
United Kingdom	英国	GB
Germany	德国	DE
France	法国	FR
Japan	日本	JP
Korea	韩国	KR
Singapore	新加坡	SG
Canada	加拿大	CA
Australia	澳大利亚	AU

2.城市的三字代码

城市的三字代码在航空运输中，占据着重要的位置，运输本身是在空间上点与点的位移，因此，每运一票货物都涉及城市的三字代码，表1-3是常见的城市三字代码。

表1-3　常见的城市三字代码

英文全称	中文全称	三字代码	英文全称	中文全称	三字代码
Beijing	北京	BJS	Dalian	大连	DLC
Guangzhou	广州	CAN	London	伦敦	LON
Shanghai	上海	SHA	Nagoya	名古屋	NGO
Chongqing	重庆	CKG	Seoul	首尔	SEL
Tianjin	天津	TSN	Paris	巴黎	PAR
Shenzhen	深圳	SZX	Chicago	芝加哥	CHI
Hangzhou	杭州	HGH	New york	纽约	NYC
Kunming	昆明	KMG	Tokyo	东京	TYO
Qingdao	青岛	TAO	Osaca	大阪	OSA
Xiamen	厦门	XMN			

3.机场三字代码

机场通常也用三字代码表示，在一些城市机场的三字代码同城市三字代码相同，在中国很多城市也是如此，例如天津等。但从国际性角度，大多数机场三字代码同城市三字代码不一样，例如北京，城市是BJS，首都机场是PEK。表1-4是常见的机场三字代码。

表1-4　常见的机场三字代码

机场的英文全称	中文全称	三字代码	所在国家
Beijing Capital International Airport	北京首都国际机场	PEK	中国
Charles de Gaulle	戴高乐机场	CDG	法国
Narita	成田机场	NRT	日本
Kansai International	大阪关西国际机场	KIX	日本
Dulles International	杜勒斯国际机场	IAD	美国
Heathrow	希斯罗国际机场	LHR	英国
O' Hare International	奥黑尔国际机场	ORD	美国

4.航空公司的两字代码

航空公司一般既有两字代码，也有三字代码，但通常使用的是两字代码，国际上有些航空公司通常使用三字代码，例如斯堪的纳维亚航空公司的代码是SAS。表1-5是常见的航空公司代码。

表1-5　常见的航空公司代码

航空公司的英文全称	中文全称	代码	所在国家或地区
Air China International Corp	中国国际航空公司	CA	中国
China Southern Airlines	中国南方航空公司	CZ	中国
China Eastern Airlines	中国东方航空公司	MU	中国
America Airlines	美洲航空公司	AA	美国
Air Canda	加拿大航空公司	AC	加拿大
China Airlines Ltd	中华航空公司	CI	中国台湾
Cathay Pacific Airways Ltd	国泰航空公司	CX	中国香港
Korean Air	大韩航空公司	KE	韩国
Dragon Air	港龙航空公司	KA	中国香港
Japan Airlines Co，Ltd	日本航空公司	JL	日本
All Nippon Airlines Co，Ltd	全日本航空公司	NH	日本
Japan Air System Co，Ltd	佳速航空公司	JD	日本
Lufthansa Germany Airline	汉莎航空公司	LH	德国
Northwest Airlines Inc	美国西北航空公司	NW	美国
Asiana Airlines	韩亚航空公司	OZ	韩国
Singapore Airlines Ltd	新加坡航空公司	SQ	新加坡
Air France	法国航空公司	AF	法国
British Airways	英国航空公司	BA	英国
Royal Dutch Airlines	荷兰皇家航空公司	KLM	荷兰
Air Macao Airlines	澳门航空公司	NX	中国澳门

5. 常见的航空货运操作代码

在航空货物运输中，经常可以看到一些特殊操作代码，这些代码主要供操作人员在运输的各个环节中，注意运输货物的性质，采取相应的操作策略。表1-6是常见的航空货运操作代码。

表1-6　常见的航空货运操作代码

操作代码	英文全称	中文全称
AOG	Aircraft on Ground	航材
AVI	Live Animal	活动物
BIG	Outsized	超大货物
CAO	Cargo Aircraft Only	仅限货机
DIP	Diplomatic Mail	外交邮件
EAT	Foodstuffs	食品
FIL	Undeveloped/Unexposed Film	未冲洗、未曝光的胶卷
FRO	Frozen Goods	冷冻货物

操作代码	英文全称	中文全称
HUM	Human Remains In Coffins	尸体
ICE	Dry Ice	干冰
LHO	Living Human Organs/Blood	活的人体器官/鲜血
NWP	Newspapers，Magazines	报纸、杂志
OBX	Obnoxious Cargo	有强烈异味的货物
OHG	Overhang Item	拴挂货物
PEF	Flowers	鲜花
PEM	Meat	肉类
PER	Perishable Cargo	易腐货物
PES	Fish/Seafood	鱼/海鲜
VAL	Valuable Cargo	贵重物品
WET	Shipments Of Wet Material Not Packed In Watertight Containers	潮湿货
HEA	Heavy Cargo，150kgs And Over Per Piece	单件150千克以上的货物

6. 常见的危险品代码

危险品运输是航空货物运输中操作最复杂、难度最大的一类，尤其在仓库、运输的环节尤需注意，而在货物的外包装上经常看到操作代码，因此了解这些代码的含义，具有非常重要的意义，表1-7是常见的危险品代码。

表1-7　常见的危险品代码

危险品代码	英文全称	中文全称
RCL	Cryogenic Liquids	低温液体
RCM	Corrosive	易腐蚀的货物
RCX	Explosives 1.3C	爆炸物1.3C类
RFL	Flammable Liquid	易燃液体
ROP	Organic Peroxide	有机过氧化物
RPG	Toxic Gas	有毒气体
RRW	Radioactive Material，Category I -white	放射性包装，I类白色包装

7. 常见的缩写代码

在航空运输当中，经常碰到一些缩写，这些缩写表现形式也是代码形式，但各有不同的表示方法。表1-8是常见的缩写代码。

表1-8　常见的缩写代码

缩写代码	英文全称	中文全称
AWB	Air Waybill	货运单
CASS	Cargo Accounts Settlement System	货运账目清算系统
CC	Charges Collect	运费到付
CCA	Charges Correction Advice	货物运费更改通知书
LAR	Live Animals Regulations	活动物运输规则
NVD	No Value Declared	无申明价值
PP	Charges Prepaid	运费预付
SLI	Shipper's Letter Of Instruction	托运书
ULD	Unit Load Device	集装器
HWB	House Air Waybill	分运单
MWB	Master Air Waybill	主运单

❓ 练习思考题

1.说出下列组织或协会的性质（政府性或非政府性），并说出其总部所在的城市和国家的名称。

（1）ICAO

（2）IATA

2.参考有关资料，说出IATA 3区包含哪几个分区？

3.查阅有关资料，计算飞行小时。

（1）快达航空QF 11航班于4月17日12点30分从澳大利亚墨尔本机场（维多利亚时区）起飞，4月17日13点10分到达美国旧金山机场（太平洋时区），一共飞行了多少小时？

（2）英国航空BA 36航班5月19日21点整从中国香港机场起飞，5月20日6点55分到达英国伦敦机场，一共飞行了多少小时？

4.查阅有关资料，说出下列代码的意义。

（1）GB，DE，KR

（2）SZX，KMG，CHI，TYO，NYC

（3）MU，KA，JL，LH，SQ

（4）AOG，AVI，CAO，ICE，VAL

（5）CCA，LAR，HWB，MWB

第二章

货物的收运

学习目标

1. 了解并掌握货物托运所需要的文件。
2. 熟悉并掌握收运货物的要求和货物托运书的填写。

第一节
货物托运

一、托运人的责任

（1）托运人托运货物必须遵守我国和运输过程中有关国家的法律、行政法规和其他有关规定。对于这些法律、行政法规和其他规定禁止运输的货物，不得托运。

（2）托运人托运货物必须遵守各相关承运人的有关规定，这些规定禁止运输的货物，不得托运。

（3）托运人应当提供必需的资料和文件，以便在货物交付收货人前完成法律、行政法规所规定的有关手续，如货物进出境、过境时海关所需要的文件；危险物品、活动物等的运输证明文件等。

（4）托运人托运我国和运输过程中有关国家的法律、行政法规和其他有关规定限制运输的货物，应当随附有效证明。

（5）托运人应当自行办理海关、检疫等有关手续。

二、托运人应具备的文件

1.货物托运书

根据《华沙公约》第5条第（1）和（5）款规定，货运单应由托运人填写，也可由承运人或其代理人代为填写；实际上，目前货运单均由承运人或其代理人填制，为此，作为填开货运单的依据——托运书，应由托运人自己填写，而且托运人必须在上面签字。

托运书（Shipper's Letter of Instruction）是托运人用于承运人或其代理人填开航空货运单的一种表单，表单上列有填制货运单所需的各项内容，并应印有授权于承运人或其代理人代其在货运单上签字的文字说明。

托运书样本见图2-1。

国际货物托运书
SHIPPER'S LETTER OF INSTRUCTION

托运人姓名及地址 Shipper's Name and Address	托运人账号 Shipper's Account Number	货 运 单 号 码 NO. OF AIR WAYBILL
		中国 上海　SHANGHAI CHINA
收货人姓名及地址 Consignee's Name and Address	收货人账号 Consignee's Account Number	托运人证实表中所填全部属实并愿遵守承运人的一切载运章程 THE SHIPPER CERTIFIES THAT THE PARTICULARS ON THE FACE HEREOF ARE CORRECT AND AGREES TO THE CONDI-TIONS OF CARRIAGE OF THE CARRIER
另请通知 ALSO NOTIFY		托运人签字 SIGNATURE OF SHIPPER 日期 DATE
始发局　Airport of Departure	到达局　Airport of Destination	声明价值 DECLARED VALUE
要求运输路线　REQUESTED ROUTING		
要求预定吨位　REQUESTING BOOKING		供运输用　FOR CARRIAGE ／ 供海关用　FOR CUSTOMS

件 数 NO. OF PACKAGES	毛重 (kg) GROSS WEIGHT	运价类别 RATE CLASS	计费重量 CHARGEABLE WEIGHT	费 率 RATE CHARGE	货物品名及数量（包括体积或尺寸） NATURE AND QUANTITY OF GOODS (INCL. DIMENSIONS OR VOLUME)

航空运输费用（用一种方法表示） AIR FREIGHT CHARGES (MAKE ONE TO APPLY)		始发地其他费用（用一种方法表示） OTHER CHARGES AT ORIGIN (MAKE ONE TO APPLY)		随附文件 DOCUMENTS TO ACCOMPANY AIR WAYBILL
预付 PREPAID	到付 COLLECT	预付 PREPAID	到付 COLLECT	

运 费　CHARGES	处理情况及备注 HANDLING INFORMATION AND REMARKS
	经办人 AGENT 日期 DATE

图2-1　托运书样本

2.托运书的内容栏

（1）托运人（Shipper's Name and Address） 填写托运人的全称、街名、城市名称、国家名称及便于联系的电话、电传号码或传真号。

（2）收货人（Consignee's Name and Address） 填写收货人的全称、街名、城市名称、国家名称（特别是在不同国家内有相同城市名称时，必须要填写国名）以及电话号码、电传号码或传真号，本栏内不得填写"to order"或"to order of the shipper"（按托运人的指示）等字样，因为航空货运单不能转让。

（3）始发站机场（Airport of Departure） 填写始发站机场的全称。

（4）目的地机场（Airport of Destination） 填写目的地机场的全称（不知道机场名称时，可填城市名称），如果某一城市名称用于一个以上国家时，应加上国名。例如，London UK 伦敦，英国；London KY US 伦敦，肯达基州，美国；London DT CA 伦敦，安大略省，加拿大。

（5）要求的路线/申请订舱（Requested Routing/Requesting Booking） 本栏用于航空公司安排运输路线时使用，但如果托运人有特别要求时，也可填入本栏。

作为收货人员，应明确知道有许多因素会影响到航班路线的选择，例如：

① 航班班次和运输限制；

② 由于货物的性质（有些货物只能装在全货机上）或由于货物的重量和尺寸引起的限制；

③ 承运人之间有关联运协议；

④ 海关当局要求的限制；

⑤ 如要求外航承运，须由托运人自行向外航申请并确认舱位。

（6）供运输用的声明价值（Declared Value For Carriage） 填写供运输的声明价值金额，该价值即为承运人负赔偿责任的限额。承运人按有关规定向托运人收取声明价值费，但如果所交运货物毛重每千克未超过19SDR（或其等值货币），无需填写声明价值金额，可在本栏内填入"NVD"（No Value Declared）（未声明价值），如本栏空着未填写时，承运人或其代理人可视为货物未声明价值。

（7）供海关用的声明价值（Declared Value For Customs） 国际货物通常要受到目的站海关的检查，海关根据此栏所填数额征税。

（8）保险金额（Insurance Amount Requested） 中国民航各空运企业暂未开展国际航空运输代保险业务，本栏可空着不填。

（9）处理事项（Handling Information） 填写附加的处理要求，例如，另请通知（Also Notify）：除填收货人之外，如托运人还希望在货物到达的同时通知其他人，请另填写通知人的全名和地址。

（10）货运单所附文件（Document To Accompany Air Waybill） 填写随附在货运单上运往目的地的文件，应填上所附文件的名称，例如，托运人的活动物申报单（Shipper's Certification For Live Animals）。

（11）件数和包装方式（Number And Kind Of Packages） 填写该批货物的总件数，并注明其包装方法。例如，包裹（Package）、纸板盒（Carton）、盒（Case）、板条箱（Crate）、袋（Bag）、卷（Roll）等，如货物没有包装时，就注明为散装（Loose）。

（12）实际毛重（Actual Gross Weight） 本栏内的重量应由承运人或其代理人在称重后填入。如托运人已经填上重量，承运人或其代理人必须进行复核。

（13）运价类别（Rate Class） 本栏可空着不填，由承运人或其代理人填写。

（14）计费重量（千克）[Chargeble Weight（kg）] 本栏内的计费重量应由承运人或其代理人在量过货物的尺寸（以厘米为单位）由承运人或其代理人算出计费重量后填入，如托运人已经填上时，承运人或其代理人必须进行复核。对于轻泡货物，应注明尺寸。

（15）费率（Rate/Charge） 本栏可空着不填。

（16）货物的品名及数量（包括体积或尺寸）[Nature And Quantity Of Goods（Incl. Dimensions Or Volume）] 填写货物的品名和件数（包括尺寸或体积）。货物中每一项均须分开填写，并尽量填写详细，例如，"9筒35毫米的曝光动画胶片"、"新闻短片"（美国制）等，本栏所填写内容应与出口报关发票和进出口许可证上所列证明相符。危险品应填写适用的准确名称及标贴的级别。

（17）托运人签字（Signature Of Shipper） 托运人必须在本栏内签字。

（18）日期（Date） 填写托运人或其代理人交货的日期。

3.其他文件、证明

托运人在托运货物时，还应备齐所有有关国家政府、海关、承运人等要求的文件。

例如：

① 危险货物（包括非放射危险品和放射性物质）申报单（Shipper's Declaration for Dangerous Goods）；

② 活体动物申报单（Shipper's Certification for Live Animals）；

③ 商业发票；

④ 进出口海关所需要的其他文件。

第二节
收运货物的基本要求

一、货物的来源

1.直接来源于货物托运人

托运人可在承运人的营业时间内，直接到承运人的货运部门托运货物，除法律、行政法规另有规定外，承运人没有对托运人货物应当向承运人提供的，为在货物交付收货人以前，为办理海关、行政法规规定的有关手续必需的资料或者文件进行检查的义务，因此，托运人应自行备齐所有货物运输应具备的文件。

2.通过IATA货运代理人来接收货物

通过IATA货运代理人所接收的货物必须符合下列条件。

（1）货运单 货运单必须准确填写完毕，包括各项运费、货物的品名、体积、重量等；并撕下有关联：托运人联、代理人联、财务联，剩下所有联都应交给承运人。

（2）文件 每张货运单上所运输的货物应备齐所有需要的文件：货物品名的证明，以及海关、政府部门所需要的货物的进、出口及转口文件、许可证等。

所有这些必要的文件必须填写完整无误，且必须附在货运单一起。

（3）货物标记　每一件货物外包装上应标有与货运单一致的收货人姓名、街道、城市、国家以及在运输过程中的注意事项。

（4）包装　保证每张货运单上所托运的货物，每件都应有正确的包装。尤其是危险品及活动物，必须符合IATA的包装规定（参考IATA有关危险品运输规则及活动物运输规则）。

（5）标签与标贴

① 每件货物上都应粘贴或拴挂至少一张标明货运单号码、始发站、目的站、货物件数、重量等内容的货物标签。

② 对一些特殊处理的货物，还应贴有指示标贴，注明货物在运输过程中应注意的有关事项，如"小心轻放"等。

（6）危险品申报单　如果货物是危险品，托运人应出具符合IATA有关危险品运输规定的危险品申报单。

（7）活动物证明文件　当托运活动物时还应出具活动物证明文件、许可证等。

二、有关的文件

（1）货物托运书（Shipper's Letter of Instruction）。

（2）美国政府提单U.S.Government Bill of Lading。

（3）其他文件

① 危险货物（包括非放射性危险品和放射性物质）申报单（Shipper's Declaration for Dangerous Goods）；

② 活体动物申报单（Shipper's Certification for Live Animals）；

③ 进出口国家海关所需的其他文件。

三、货物包装

（1）货物包装应当保证货物在运输过程中不致损坏、散失、渗漏，不致损坏和污染飞机设备或者其他物品。

（2）货物包装应坚固、完好、轻便，在一般运输过程中能防止包装破裂、内物漏出或散失；防止因码放、摩擦、振荡或因气压、气温变化而引起货物损坏、变质，或者伤害操作人员，或者污染飞机、地面设备及其他物品。

（3）托运人应当根据货物的性质及重量、运输环境和承运人的要求，采用适当的内、外包装材料和包装形式，妥善包装货物。

（4）货物包装除应适合货物的性质、状态和重量外，还要便于搬运、装卸和码放。货物包装的外表不能有突出的棱角和钉、钩、刺等。货物包装要整洁、干燥，没有异味和油渍。

（5）收运有限定条件的货物，如活体动物、鲜活易腐物品、危险物品等特种货物，其包装应符合该货物特定的运输要求和承运人的有关规定。

（6）精密、易碎、怕震、怕压、不可倒置的货物，必须有相应的防止货物损坏的包装措施。

（7）托运人不得用带有碎屑、草末的材料作货物包装（如稻草袋、绳等），货物包装内的衬垫材料（如木屑、纸屑等）不得外漏，以免堵塞飞机设备。严禁用草袋包装或用草绳捆扎货物。

（8）捆扎货物所用的包装带应能承受该货物的全部重量，并保证提起货物时不致断开。

（9）如果货物包装不符合航空运输的要求或者承运人的有关规定，承运人有权要求托运人改进货物包装或重新包装货物后，方可运输。

四、货物标志

货物标志包括货物标记、货物运输标签和航空运输指示标贴。

1.货物标记

（1）托运人托运每件货物，应当在货物外包装上书写有关货物运输的注意事项等货物标记，标明：

① 货物的目的站，收货人姓名，所在国家、城市、街道、邮政编码、电话号码等；

② 货物的始发站，托运人姓名，所在国家、城市、街道、邮政编码、电话号码等；

③ 货物储运注意事项；

④ 货物合同号、批号、代号等。

（2）货物标记应与航空货运单的内容一致，字迹清楚、明显易辨。

（3）托运人应在每件货物包装上书写货物标记。

（4）托运人使用旧包装时，必须清除该包装上的全部的残旧货物标记。

（5）危险货物的标记按照危险品运输的规定办理。

2.货物运输标签

（1）托运人托运每件货物，应当按照规定在货物外包装上粘贴或者拴挂承运人的货物运输标签，标明货物的：

航空货运单号码；

件数/毛重/本件毛重；

始发站/目的站。

（2）货物运输标签应与航空货运单的内容一致，字迹清楚、明显易辨。航空货运单号码及目的站名称要使用较大字体书写。

（3）货物运输标签有两种（见图2-2）：一种是粘贴的软纸不干胶标签，适用于可以在外包装上黏附的货物；另一种是拴挂用的硬质标签，适用于不宜使用软纸不干胶标签的货物。

3.航空运输指示标贴

（1）托运人托运每件货物，应当根据货物的性质，按国际标准规定的式样，在货物外包装上粘贴或者拴挂承运人的航空运输指示标贴，标明货物的性质和储运注意事项等。

（2）航空运输指示标贴有两种，即特种货物运输指示标贴和包装储运指示标贴。

① 特种货物运输指示标贴。其包括活体动物、鲜活易腐物品和危险物品等运输指示标贴。其作用是要求工作人员按照货物的性质进行操作，预防事故的发生。特种货物运输指示标贴的图形、名称、尺寸、颜色由国家统一规定（见图2-3）。

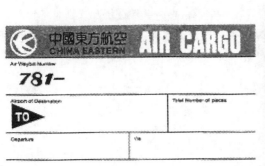

图2-2 货物运输标签（左为不干胶型、右为拴挂型）

② 包装储运指示标贴。包装储运指示标贴是标明货物包装储运等事项的各类指示标贴。其作用是提示工作人员按照包装储运指示标贴的要求操作，以达到安全运输和保护货物完好的目的。包装储运指示标贴的图形、名称、尺寸、颜色由国家统一规定。例如，易碎及向上标签见图2-4。

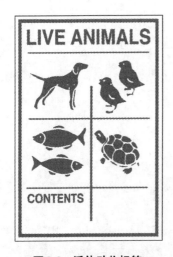
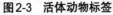

图2-3 活体动物标签

图2-4 易碎及向上标签

（3）危险货物的标贴按照危险品运输的规定办理。

4. 货物运输标签和航空运输指示标贴的粘贴或拴挂

（1）货物运输标签和航空运输指示标贴应由托运人粘贴或拴挂。承运人有义务协助托运人正确地粘贴或拴挂，并检查粘贴或拴挂情况，发现错、漏或部位不当时，应立即纠正。

（2）每件货物至少应牢固地粘贴或拴挂一个货物运输标签。体积较大的货物，要粘贴或拴挂两个或多个货物运输标签。

（3）对于特种货物，应根据其性质，正确地在包装上粘贴或拴挂相应的特种货物运输指示标贴。

（4）使用玻璃瓶作为内包装的货物和精密易损、质脆易碎的货物，必须粘贴或拴挂"FRAGILE"（易碎）或"THIS SIDE UP"（向上）等包装储运指示标贴。

（5）货物运输标签和货物运输指示标贴应粘贴或拴挂在货物的侧面，不得粘贴或拴挂在货物包装的顶部或底部。

（6）一件货物粘贴或拴挂两个或两个以上货物运输标签和货物运输指示标贴时，应在货物包装两侧对称部位粘贴或拴挂。

五、重量与体积的限制

每件货物在收运时都必须准确地测出重量和体积。

1.重量的限制

（1）对于货物重量的限制，主要取决于机舱地板的承受力。不同的机型有不同的地板承受力限制，又叫最大允许地板承受力。货物重量每平方米作用于机舱地板的压力就是机舱地板的实际承受力。当机舱地板的实际承受力超过允许地板承受力时，货物会对机舱地板造成损坏。如一些体积小重量大的货物，应采取相应措施，否则不予承运。

$$地板承受力 = \frac{货物重量}{货物实际接触机舱地板的面积}$$

（2）当机舱地板实际承受力超过最大允许地板承受力时，应在货物底部与机舱地板之间加一块垫板。

$$垫板面积 = \frac{货物的重量}{最大允许地板承受力}$$

（3）一般情况下，普通货物可以任意放置。因此，货物的底面可以是货物的底面、顶面和侧面。

 **例2-1**

一件货物实际毛重630kg，体积150cm×60cm×50cm。

由图2-5所示，A面面积：150×60 = 1.5×0.6 = 0.9（m²）

图2-5 货物

B面面积：150×50 = 1.5×0.5 = 0.75（m²）

C面面积：60×50 = 0.6×0.5 = 0.3（m²）

飞机实际地板承受力，A面：630kg/0.9m² = 700kg/m²

B面：630kg/0.75m² = 840kg/m²

C面：630kg/0.30m² = 2100kg/m²

如果该货物必须装在MD-82（DC-9）飞机上（已知飞机最大允许地板承受力为732kg/m²），只有A面作为货物的底部时不需要加垫板。当B面和C面作为货物的底面时，地板的实际承受力是840kg/m²和2100kg/m²，超过了机舱最大地板承受力，因此需要加一块垫板。

注意：垫板的重量应计算在货物重量内。

所以，货物重量 = 630kg

设垫板重量 = 10kg

则货物重量 = 640kg

应加垫板面积 = 640kg/（732kg/m²）= 0.880m²

如果货物的B面或C面作为底部时，必须加一块10kg重、面积不小于0.88m²的垫板。

货物重量的限制还取决于始发地、经停地、目的地的装卸能力。因此对一些超重货物应事先订妥吨位方可交运。

2.体积的限制

（1）货物的最长、最宽、最高的限制取决于所用机型机舱门的大小以及机舱容积。如果货物过长、过宽或过高而不能进入某航线提供的机型机舱门时，（超大货物）就不能放在该飞机上运输，而必须经过承运人的安排，选择较大机型；若不能在同一航班上运输，可分批发运。一般情况下，货物的宽、高应在机舱门宽和高的限定以内。货物的最长限定额可由IATA装机尺寸表中查得。一般情况下，货物高度过高，而长度和宽度可以进入机舱门时，工作人员可询问托运人其货物是否可以任意放置，否则，不能放在此机型上运输。

如图2-6所示为737-200型机舱门尺寸。

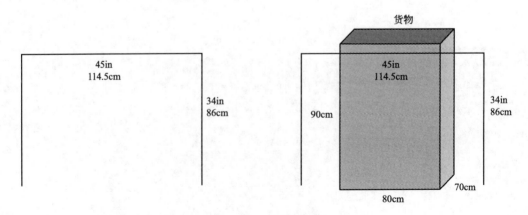

图2-6　737-200型机舱门尺寸

两种可放置方法，如图2-7所示。

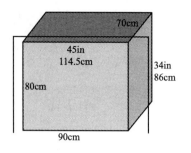 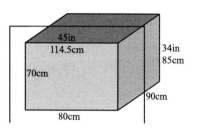

图2-7　货物放置方法

 **例2-2**

　　一件货物高60cm，宽70cm，长20cm。是否能放入737-200型机舱内？通过查装载表（表2-1）得出该货物的最长限额是241cm，所以货物可放入737-200型飞机。

表2-1　737-200型装载表

BOEING 737-200 SERIES
Dimensionsin cms and inch（italic）

HEIGHT	WIDTH								
	12	25	38	50	63	76	58	101	114
	5	10	15	20	25	30	35	40	45
12	492	485	477	472	452	459	429	241	241
5	194	191	188	186	182	181	169	95	85
25	482	477	469	464	452	449	241	241	241
10	190	188	185	183	178	177	95	95	95
30	477	472	467	459	449	444	241	241	241
12	158	165	184	181	177	175	95	95	95
35	472	467	452	457	444	441	241	241	241
14	186	184	182	180	175	174	95	95	95
40	467	462	459	452	441	429	241	241	241
16	184	182	181	176	174	169	95	95	95
45	462	457	454	447	436	241	241	241	241
18	182	180	179	176	172	95	95	95	95
50	457	452	449	441	434	241	241	241	241
20	160	178	177	174	171	95	95	95	95
55	449	444	441	434	416	241	241	241	241
22	177	175	174	171	184	95	95	95	95
60	444	439	436	426	398	241	241	241	241
24	175	173	172	158	157	95	95	95	95
66	436	431	429	414	381	(241)	241	241	241
26	172	170	169	163	150	95	95	95	95
71	429	421	416	398	363	241	241	241	241
28	169	166	164	157	143	95	95	95	95
76	416	408	403	381	345	241	241	241	241
30	164	160	159	150	136	95	95	95	95
81	396	369	393	355					
32	156	153	151	140					
86	365	360	350	314					
34	144	142	138	124					

综上所述，如果货物重量过重或体积过大，而不能在某航线的机型上运输时，可经得托运人的同意，用其他机型运输。一般情况下，会增多中转次数，延长货物的运输期限。有一些重量过重、体积过大的货物（如机器设备、汽车等），在运输前应征得承运人同意，在承运人安排下运输。这些货物的运输主要会给装卸工作带来许多困难。

（2）货物体积过小也不便于运输，应要求托运人加大包装，一般情况下，货物的体积小于20cm×15cm×5cm时，应加大包装。

（3）包装形状特殊的货物，应根据情况将货物运输标签和货物运输指示标贴粘贴或拴挂在货物包装上明显易见的部位。

六、价值限制

（1）每一批货物的声明价值金额一般不得超过10万美元或其等值货币。超过时，应分批交运（即分成两份或多份货运单）；如货物不宜分开，必须经有关航空公司批准后方可收运。

（2）每一架飞机所载运的货物的总价值也不得超过一定的数值（各航空公司不同）。如超过时，则分开由两架以上飞机承运。

中国民航的限制是：一架飞机所装载货物的总价值不得超过100万美元。每一张货运单上托运人对货物的声明价值不得超过10万美元。贵重货物包机，一架飞机的货物金额不得超过5000万美元。

七、运费的支付方式

货物的运费既可预付（Prepaid），也可以到付（Collect）。

（1）收运运费到付货物时，必须首先查阅有关资料（见TACT Rules7.22规定），只有在货物目的地所在国家允许可办理此项业务，而且有关空运企业可以办理时，方可接受。

（2）货物的运费和声明价值费全部预付或全部到付，在始发站发生的其他费用应全部预付或全部到付，在运输途中或目的地发生的其他费用，如能事先知道的，也可以填在货运单上，按全部预付或到付。

（3）对下列货物不办理运费到付：

① 无价样品；

② 鲜活易腐物品；

③ 活体动物；

④ 危险货物；

⑤ 报纸及其他印刷品；

⑥ 新闻图片、影片和电视片；

⑦ 骨灰、尸体；

⑧ 礼品；

⑨ 含酒精饮品、饮料；

⑩ 私人用品和家具（无出售价值）；

⑪ 本身商业价值低于货物运费的货物；

⑫ 收货人地址为旅馆、机场等临时性地址的货物；

⑬ 收货人为政府代理机构的货物（政府代理人托运货物时，出具书面证明，保证予以支付者除外）；

⑭ 托运人和收货人为同一人的货物。

除此之外，还应注意目的站所在国家有关货物运费到付业务的有关规定，如无此项业务，则不得办理。

八、禁运令

（1）承运人可以在一段时间内拒绝运输任何的某个航线、某个航段、某个区域之内、某个中转站或某个品名及等级的货物。

（2）承运人一旦做出禁运决定，可向各个代理人、承运人及有关部门发出禁运令。禁运令在发出次日 GMT 时间 0001 开始生效，在生效限期以前仍可运输。

九、国家及承运人的限制

1.国家限制

每个国家都对货物的进口、出口及转口有许多方面的限制。一般对货物的包装、标志、航线选择、运输文件以及对一些特殊的货物（活动物、战争物资、尸体骨灰、纺织品、储备物资等）作出了较详细的限制。需了解这些限制/否则货物运至目的地国家，如果违反了该国进口规定的话，承运人、托运人、收货人都将受到一定程度的处罚。

2.承运人限制

一批货物由多个承运人连续承运时，应遵照有关承运人与承运人之间对货物运输所缔结的有关协议（双边协议、多边协议），也就是说，在互相有业务结算关系、符合协议条约的承运人与承运人之间才可以运输。否则任何一方都应拒绝接受另一方所承运的货物。

例如，全日空公司（All Nippon Airways Co，NH）、法航（Air France，AF）、国泰航空公司（Cathay Pacifc Airlines Inc，CX）、菲律宾航空公司（Phillppine Airlines Inc，PR）、澳大利亚航空公司（Qantas Airways Ltd，QF）等公司都与我国国际航空公司签订了双边协议。其中法航、澳航和菲律宾航还与我国的其他几个航空公司签订了协议。协议上还对一些特殊货物（危险品、鲜活易腐品、超大超重货物、声明价值货物、付款方式等）作出了限制。

❓ 练习思考题

1.托运人在托运货物时应具备哪些条件？

2.货物的重量与体积有何限制？为什么？

3.哪些货物不可以办理运费到付？

4.一件货物的长宽高为 90cm×40cm×60cm，实际毛重为 300kg，此货物不可倒置，问：该货物能否装在 B757 飞机上（机舱地板承受力为 732kg/m²）？如不行该如何处理？

第三章

货运单

学习目标

1. 熟悉并掌握货运单的定义、构成、作用及有效期限，货运单的填开责任等。
2. 能够正确地填开货运单。

第一节
概　述

一、货运单的定义

货运单是由托运人或者以托运人的名义填制，是托运人和承运人之间为在承运人的航线上承运货物所订立的合同的初步证据。

货运单既可以用于单程货物运输，也可以用于联程货物运输。

根据《中华人民共和国民用航空法》第一百一十三条和一百一十四条规定，托运人应当填写航空货运单正本一式三份，连同货物交给承运人，承运人有权要求托运人填写航空货运单，托运人有权要求承运人接受该航空货运单。托运人未能出示航空货运单，航空货运单不符合规定或有航空货运单遗失，不影响运输合同的存在或者有效。

二、货运单的构成

我国国际航空货运单由12联组成，包括3联正本，6联副本和3联额外副本。

货运单装订顺序如表3-1所示。

表3-1　货运单装订顺序

序号	名　称	颜色
1	正本3　Original 3（给托运人）	蓝色
2	副本9　Copy 9（给代理人）	白色
3	正本1　Original 1（给填开货运单的承运人或代理人）	绿色
4	正本2　Original 2（给收货人）	粉红色
5	副本4　Copy 4（提取货物收据）	黄色
6	副本5　Copy 5（给目的站机场）	白色
7	副本6　Copy 6（给第三承运人）	白色
8	副本7　Copy 7（给第二承运人）	白色
9	副本8　Copy 8（给第一承运人）	白色
10	额外副本10　Extra Copy 10（供承运人使用）	白色
11	额外副本11　Extra Copy 11（供承运人使用）	白色
12	额外副本12　Extra Copy 12（供承运人使用）	白色

正本3：托运人联，货运单填开完毕后此联交给托运人作为托运货物及交付运费的收据。同时，也是托运人与承运人之间签订的有法律效力的运输文件。

正本1：财务联，送交财务部门作为运费结算的依据。

正本2：收货人联，随货物一同运往目的站，收货人提取货物时在本联上签收。

其他各联的用途比较明确，只需参考货运单各联底部的说明。

三、货运单的作用

作为主要货物运输文件的货运单具有以下的作用：

（1）承运人和托运人之间缔结运输契约的书面证据；

（2）托运人托运货物及交付运费的收据；

（3）运费单据和结算凭证；

（4）托运人要求承运人代办保险的证明；

（5）申报海关的文件；

（6）承运人发运、交付和联运货物的凭证。

四、货运单的有效期限

作为货物的运输凭证应从货运单填开完毕，托运人、承运人双方签字后即开始生效，直至收货人提取货物在货运单上签收时止，宣告有效期结束。但作为运输合同的凭证，其法律有效期应延至运输停止之日起两年内有效。

五、填开货运单的责任

（1）根据《华沙公约》、《海牙议定书》、《中华人民共和国民用航空法》以及承运人运输条件规定，货运单的填写必须由托运人完成，承运人根据托运人的请求填写货运单，在没有相反证据情况下，应当视为代托运人填写，因此，托运人应对货运单的真实性负责。

（2）托运人有责任校对货运单的内容，并对货运单内是否插入或删减有关特殊的细节作出决定，否则托运人自己将对货物运输过程中的损失负责任。托运人在承运人填开完毕的货运单上签字就代表托运人已接受货运单正本背面的契约条件和承运人的运输条件。

附：货运单正本背面《关于承运人责任限额的声明和契约条件》

关于承运人责任限额的声明

如运输的目的地点或经停地点不在出发地点所在国家内，《华沙公约》即可适用于该项运输。该公约规定在任何情况下限制承运人对货物遗失、损坏或延误所负的责任为每公斤250法国金法郎，除非托运人事先声明一个较高的价值，并按照需求缴付附加费用。凡是符合中国民航运输规则的运输，承运人的责任也受上述同样限制。每公斤货物250法国金法郎的责任限额，约为每千克19SDR，是以每盎司黄金价值42.22美元为基础的。

契约条件

1.本契约所引用的"承运人"系指运输货物或承担运输货物或提供与航空运输有关的其他服务的所有航空承运人。《华沙公约》系指1929年10月12日在华沙签订的统一国际航空运输某些规则的公约或1955年9月28日在海牙修改的《华沙公约》，何时使用即指何时。法国金法郎是指含有千分之九百成色的65.5毫克的法国法郎。

2.（a）本契约所指运输应遵守《华沙公约》所制定的有关责任规定，除非此种运输不是公约中所指的"国际运输"。

（b）为了不与上述公约解释相矛盾，各承运人提供的运输和其他服务应遵守下列：

（i）适用的法律（包括履行公约的国家法律）政府规章、命令和要求。

（ii）本契约规定。

（iii）承运人适用的运价、规则、运输条件、规章和班期时刻表（并非指起飞、到达时间）为契约的组成部分。并可在承运人的任一办事处和它仍经营的定期航班的机场内查到。美国或加拿大的某一地点与境外任一地点之间的运输，其适用运价应为这些国家之间的有效运价。

3.第一承运人的名称在本页正面上可用简称，其全称及简称见该承运人的运价手册、运输条件、规章和班期时刻表。第一承运人的地址是填写在本页正面上的出发地点机场，约定的经停地点（必要时承运人可改变）是除始发地点和目的地点外，在本页正面上所填列的地点、或在承运人的班期时刻表内所列航路的经停点。由几个承运人连续承担的运输，应视为一个单一运输。

4.除非承运人的运价或运输条件中另有规定，在《华沙公约》不适用于该项运输时，承运人对货物损失、损坏或延误所负的责任以不超过每公斤20.00美元或其等值货币为限，除非托运人对贵重货物声明一个较高的价值并缴付了附加费。

5. 如货运单正面作为"供运输用声明价值"一栏中所填金额超过上述"声明"和本契约条款中所规定仍适用责任限额，并且托运人按照承运人的运价，运输条件或缴费规章付了所规定的附加费，就是构成一个特别声明价值，在此情况下承运人的责任限额将为其所声明的价值。赔偿数额将依据实际损失的证明予以赔偿。

6. 如遇货物部分遗失、损坏或延误，在确定承运人的责任限额时，计算赔偿的重量只能是该件或其有关的重量。

注：

除非另有规定，美国联邦航空法中所指"国际运输"修订为：如一批货物或其部分遗失、损坏或延误，在确定承运人的责任限额的重量应为决定这批货物运费所用的重量（或部分货物遗失、损坏或延误按所占重量比例决定）。

7. 对承运人责任的任何免除或限制，应适用于并有利于承运人的代理人、受雇人和代表，以及承运人为运输而使用其飞机的所有人及其代理人、受雇人和代表。本条的规定是承运人在此作为代理人，代理上述所有人员。

8. （a）承运人为完成本契约的运输可做合理的安排。承运可改变承运人或飞机并无需事先通知改变运输方式，但应适当照顾托运人的利益。承运人有权选择路线或变更本页正面上所填列的路线。本款不适用于至/自美国的运输。

（b）承运人为完成本契约的运输可做合理的安排，除了承运人的运价在美国可以适用外，承运人可改变承运人或飞机和无需事先通知和照顾托运人的利益改变运输方式。承运人有权选择航线或变更货运单本页正面所填列的路线。本款仅适用于至/自美国的货物。

9. 依据本契约条件规定，货物在承运人或其代理人照管期内，应由承运人负责。

10. （a）除未经托运人的书面同意，承运人将款项记入收货人的贷方者外，托运人保证按照承运人的运费规定，运输条件和有关规章，适用法律（包括履行公约的国家法律）、政府规章、命令和要求缴付应付的一切费用。

（b）如果托运货物全部未能交付，即使运费未曾缴付，对该批货物的索赔要求也应接受。

11. 货物到达通知应立即发给收货人或本页正面所列的另请通知人，货物到达目的地点时，如事先收到托运人的其他指示，可按其指示交付货物，否则按收货人的指示办理。

12. （a）交付货物时，在下列情况下收货人有权向承运人提出异议，但必须用书面形式。

（i）货物的明显损坏，应在发现损坏时立即提出，最迟在收到货物后14天内提出。

（ii）货物的其他损坏，自收到货物之日起14天内提出。

（iii）货物延误，自其自由支配货物之日起21天内提出。

（iv）货物没有交付，自填开货运单之日起120天内提出。

（b）上述（a）点所述异议，应以书面形式提出，交给货运单所属空运企业或给第一承运人，或给最后承运人，或给在运输中发生货物遗失、损坏或延误的承运人。

（c）诉讼应在货物到达目的地之日起，或从飞机应该到达之日当日起，或从运输停止之日起两年内提出，否则即丧失对承运人诉讼的权力。

13.托运人应遵守一切有效法律和运输货物始发、到达、经停或飞越任何国家的政府规章，包括有关货物包装，运输或货物的交付，以及为了遵守上述法律和规章必须提供的各种必要资料和货运单的随附文件。对于托运人不遵守本条规定所造成的损失或费用，承运人对托运人不负责任。

14.承运人的代理人、受雇人或代表均无权改变、修改或废止本契约的条款。

15.在要求保险和已交付保险费，并且将保险金额在本页正面列明时，即证明该运单上所列货物已经保险，其申请保险数额为货运单正页上所列数额（赔偿金额以遗失或损坏的货物实际价值为限，但此金额不能超过所保险的金额）。该保险应符合保险合同（开口保险单）的条款、条件和范围（某些风险除外），保险合同可由填开货运单承运人办事处的有关当事人进行审核，此种保险的索赔须立即向承运人的办事处提出。

六、货运单的限制

（1）一张货运单只能用于一个托运人在同一时间、同一地点托运的由承运人承运的、运往同一目的站的同一收货人的一件或多件货物。

（2）货运单可以是代表航空公司身份，由该航空公司印刷的；还可以是非任何一个航空公司印制的，代表中立的货运单。

（3）"不可转让"的意义　货运单的顶端印有"不可转让"（Not Negotiable）字句，其意思是指航空货运单是纯作为货物空中运输的凭证，一旦到达陆地后即不可再使用于其他运输方式。不像海运的货运单还可通用于陆地运输。因此，任何IATA成员都不允许填开可以转让的货运单，货运单上的"不可转让"字句不可被删去或篡改。

七、货运单号码

（1）货运单号码是货运单不可缺少的组成部分，每本货运单都有一个号码，它是托运人、收货人或其代理人向承运人询问货物运输情况的重要依据，也是承运人运输、处理、查询货物时必不可少的依据。

（2）货运单号码的组成　货运单号码由三部分组成：

$$\underline{7\ 7\ 7}\ —\ \underline{1\ 2\ 3\ 4\ 5\ 6\ 7}\qquad\underline{5}$$
$$\qquad A\qquad\qquad\qquad B\qquad\qquad\qquad C$$

A：航空公司IATA票证代码（由三位数字组成）；

B：货运单的序号（由7位数字组成）；

C：检验号（由组成序号的7位数字除以7所得的余数组成）。

<h1 style="text-align:center">第二节
货运单的填制</h1>

一、填制货运单的要求

（1）填开货运单要求使用英文打字机或计算机，用英文大写字母打印，各栏内容必须准确、清楚、齐全，不得随意涂改。

（2）货运单已填内容在运输过程中需要修改时，必须在修改项目的旁边盖章注明修改货运单的空运企业名称、地址、日期，修改货运单时，应将所有剩余的各联一同修改。

（3）货运单的各栏目中，有些栏目印有阴影。其中，有标题的阴影栏目仅供承运人填写使用；没有标题的阴影栏目一般不需填写，除非承运人有特殊需要。

二、货运单各项栏目的填写说明

货运单样例见图3-1。

1.货运单号码（The Air Waybill Number）

货运单号码应清晰地印在货运单的左、右上角以及右下角。

（1）航空公司的票证代码　①A：Airline Code Number

（2）货运单序号及检验号　①B：Serial Number

> **注意：**
>
> 第四位数字与第五位数字之间应留有比其他数字之间较大的空间。

例如：777-1234 5675

2.始发站机场　①：（Airport of departure）

打印始发站机场IATA三字代码（如不知道机场名称，可打印机场所在城市的IATA三字代码）。

3.货运单所属承运人的名称和地址　①C：Issuing Carrier's Name and Address

此处一般印有航空公司的标志、名称和地址。

4.正本联说明　①D：Reference to Orginals

无需填写。

5.契约条件　①E：Reference to Conditions of Contract.

一般情况下无需填写，除非承运人需要。

6.托运人栏（Shipper）

（1）托运人姓名和地址　②：Shipper's Name and Address

Shipper's Name and Address	③ Shipper's Account Number	NOT NEGOTIABLE ㉟

AIR WAYBILL ①C

②

ISSUED BY ㉟

Copies 1, 2 and 3 of this Air Waybill are originals and have the same validity ①D

Consignee's Name and Address	⑤ Consignee's Account Number

④

It is agreed that the goods described herein are accepted in apparent good order and condition (except as noted) for carriage SUBJECT TO THE CONDITIONS OF CONTRACT ON THE REVERSE HEREOF. ALL GOODS MAY BE CARRIED BY ANY OTHER MEANS INCLUDING ROAD OR ANY OTHER CARRIER UNLESS SPECIFIC CONTRARY INSTRUCTIONS ARE GIVEN HEREON BY THE SHIPPER, AND SHIPPER AGREES THAT THE SHIPMENT MAY BE CARRIED VIA INTERMEDIATE STOPPING PLACES WHICH THE CARRIER DEEMS APPROPRIATE. THE SHIPPER'S ATTENTION IS DRAWN TO THE NOTICE CONCERNING CARRIERS' LIMITATION OF LIABILITY. Shipper may increase such limitation of liability by declaring a higher value for carriage and paying a supplemental charge if required. ①E

Issuing Carrier's Agent Name and City ⑥	Accounting Information ⑩

Agent's IATA Code ⑦	Account No. ⑧

Airport of Departure (Addr. of First Carrier) and Requested Routing ⑨	Reference Number ㉞A	Optional Shipping Information ㉞B ㉞C

To ⑪A	By First Carrier ⑪B Routing and Destination	to ⑪C	by ⑪D	to ⑪E	by ⑪F	Currency ⑫	CHGS Code	WT/VAL PPD COLL	Other PPD COLL	Declared Value for Carriage ⑯	Declared Value for Customs ⑰

Airport of Destination ⑱	Requested Flight/Date ⑲A ⑲B	Amount of Insurance ⑳	INSURANCE: If Carrier offers insurance, and such insurance is requested in accordance with the conditions thereof, indicate amount to be insured in figures in box marked 'Amount of Insurance'

Handling Information ㉑

⑬ ⑭A ⑭B ⑮A ⑮B ⑳A

㉑A SCI

No. of Pieces RCP	Gross Weight	kg lb	Rate Class / Commodity Item No.	Chargeable Weight	Rate / Charge	Total	Nature and Quantity of Goods (incl. Dimensions or Volume)
㉒A	㉒B ㉒C		㉒E ㉒D ㉒Z	㉒F	㉒G	㉒H	㉒I
㉒J	㉒K					㉒L	

Prepaid ㉒	Weight Charge ㉔A	Collect ㉔B	Other Charges
Valuation Charge ㉕A		㉕B	㉓
Tax ㉖A		㉖B	
Total Other Charges Due Agent ㉗A		㉗B	
Total Other Charges Due Carrier ㉘A		㉘B	

Shipper certifies that the particulars on the face hereof are correct and that **insofar as any part of the consignment contains dangerous goods, such part is properly described by name and is in proper condition for carriage by air according to the applicable Dangerous Goods Regulations.**

Total Prepaid ㉚A	Total Collect ㉚B
Currency Conversion Rates	CC Charges in Dest. Currency
For Carrier's Use only at Destination	Charges at Destination ㊵C	Total Collect Charges ㊵

㉛
Signature of Shipper or his Agent

㉜A	㉜B	㉜C
Executed on (Date)	at (Place)	Signature of Issuing Carrier or its Agent ①A ①B

图3-1　货运单样例

打印托运人姓名（名称）、地址、国家（或国家两字代码）以及托运人的电话、传真、电传号码。

（2）托运人账号　③：Shipper's Account Number

此栏不需要填写，除非承运人需要。

7.收货人栏（Consignee）

（1）收货人姓名和地址　④：Consignee's Name and Address

打印收货人姓名（名称）、地址、国家（或国家两字代码）以及收货人的电话、传真、电话号码。

（2）收货人账号　⑤：Consignee's Account Number

此栏仅供承运人使用，一般不需要填写，除非最后的承运人需要。

8.填写货运单的承运人的代理人栏（Issuing Carrier's Agent）

（1）名称和城市　⑥：Name and city

① 打印向承运人收取佣金的国际航协代理人的名称和所在机场或城市。

② 根据货物代理机构管理规则，该佣金必须支付给目的站国家的一个国际航协代理人，则该国际航协代理人的名称和所在机场或城市必须填入本栏。冠以"收取佣金代理人"（Commissionable Agent）字样。

（2）国际航协代号　⑦：Agent's IATA code

① 代理人在非货账结算区（non-CASS areas），打印国际航协7位数字代号，例如：14-30288

② 代理人在货账结算区（CASS areas），打印国际航协7位数字代号，后面是三位CASS（Cargo Accounts Settlement System，货物财务结算系统）地址代号，和一个冠以10位的7位数字代号检验位。例如：34-41234/5671

（3）账号　⑧：Account No.

本栏一般不需填写，除非承运人需要。

9.运输路线（Routing）

（1）始发站机场（第一承运人地址）和所要求的运输路线　⑨：Airport of Departure（Addr. of First Carrier）and Requested Routing

此栏打印与栏中一致的始发站机场名称以及所要求的运输路线。

注意：

此栏中应打印始发站机场或所在城市的全称。

例如：J.F.KENNEDY

（2）运输路线和目的站（Routing and Destination）

① 至（第一承运人）　⑪A：to（by First Carrier）

打印目的站机场或第一个转运点的IATA三字代号（当该城市有多个机场，不知道机场名称时，可用城市代号）。

② 由第一承运人　⑪B：by First Carrier

打印第一承运人的名称（全称与IATA两字代号皆可）。

③ 至（第二承运人）⑪C：to（by Second Carrier）

打印目的站机场或第二个转运点的IATA三字代号（当该城市有多个机场，不知道机场名称时，可用城市代号）。

④ 由（第二承运人）⑪D：by（Second Carrier）

打印第二承运人的IATA两字代号。

⑤ 至（第三承运人）⑪E：to（by Third Carrier）

打印目的站机场或第三转运点的IATA三字代号，（当该城市有多个机场，不知道机场名称时，可用城市代号）。

⑥ 由（第三承运人）⑪F：by（Third Carrier）

打印第三承运人的IATA两字代号。

（3）目的站机场 ⑱：Airport of Destination

打印最后承运人的目的地机场全称（如果该城市有多个机场，不知道机场名称时，可用城市全称）。

（4）航班/日期—仅供承运人用⑲A⑲B：Flight/date

本栏一般不需填写，除非参加运输各有关承运人需要。

10. 财务说明 ⑩：Accounting Information

此栏打印有关财务说明事项。

① 付款方式：现金支票或其他方式。

② 用MCO付款时，只能用于作为货物运输的行李的运输，此栏应打印MCO号码，换取服务金额，以及旅客客票号码、航班、日期及航程。

注意：

代理人不得接受托运人使用MCO作为付款方式。

③ 货物到达目的站无法交付收货人而需退运的，应将原货运单号码填在新货运单的本栏内。

11. 货币 ⑫：Currency

① 打印始发国的ISO（国际标准组织）的货币代码。

② 除目的站"国家收费栏"㉝A～㉝D内的款项货运单上所列明的金额均按①中货币支付。

12. 运费代号（仅供承运人用）⑬：CHGS Code

本栏一般不需填写，仅供电子传送货运单信息时适用。

13. 运费（Charges）

（1）WT/VAL航空运费（根据货物计费重量乘以适用的运价收取的运费）和声明价值附加费的预付和到付 ⑭A～⑭B。

① 货运单上㉔A，㉕A或㉔B，㉕B两项费用必须全部预付或全部到付。

② 在⑭A中打"×"表示预付，在⑭B中打"×"表示到付。

（2）在始发站的其他费用预付和到付 ㉔A㉕A：Other（Charges at Origin）

① 货运单上㉗A，㉘A或㉗B，㉘B两项费用必须全部预付或全部到付。

② 在⑮A中打"×"表示预付，在⑮B中打"×"表示到付。

14.供运输用声明价值 ⑯：Declared Value for carriage

（1）打印托运人向承运人办理货物运输声明价值的金额。

（2）如果托运人没有申明价值，此栏必须打印"NVD"字样。

 注：

NVD——NO VALUE DECLARED 没有申明价值。

15.供海关用的声明价值 ⑰：Declared value for Customs

（1）打印托运人向海关申报的商业价值。

（2）如果货物没有商业价值，此栏必须打印"NCV"，字样。

 注：

NCV——No Commercial Value 没有商业价值。

16.保险金额 ⑳：Amount of Insurance

（1）如果承运人向托运人提供代办货物保险业务时，此栏打印托运人货物投保的金额。

（2）如果承运人不提供此项服务或托运人不要求投保时此栏内必须打印"×××"符号。

17.储运注意事项 ㉑：Handling Information

（1）如果是危险货物，有两种情况，一种是需要附托运人的危险品申报单，则本栏内应打印"Dangerous Goods as Per Attached Shipper's Declaration"字样，对于要求装货机的危险货物，还应打印"Cargo Aircraft Only"字样。另一种是属于不要求附危险品申报单的危险货物，则应打印"Shipper's Declaration Not Required"字样。

（2）当一批货物中既有危险货物也有非危险货物时，应分别列明，危险货物必须列在第一项，此类货物不要求托运人附危险品申报单，且危险货物不是放射性且数量有限。

（3）其他储运注意事项尽可能使用"货物交换电报程序"（CARGO—IMP）中的代号和简语，例如：

① 货物上的标志、号码以及包装方法；

② 货运单所附文件，如托运人的动物证明书（Shipper's Certification for Live Animal）、装单箱（Packing List）、发票（Invoice）等；

③ 除收货人外另请通知人的姓名、地址、国家以及电话、电传或传真号码，例如：Also Notify：×××；

④ 货物所需要的特殊处理规定；

⑤ 海关规定等。

18.货物运价细目 ㉒Ⓐ ~ ㉒Ⓛ和㉒Ⓩ：Consignment Rating Details

一票货物中如含有两种或两种以上不同运价类别计费的货物应分别填写，每填写一项另起一行，如果还有危险品，则该危险货物应列在第一项。

（1）件数/运价组合点 ㉒Ⓐ：No.of Pieces Rcp

① 打印货物的件数；

② 如果使用非公布直达运价计算运费时，在件数的下面还应打印运价组合点城市的IATA三字代号。

（2）毛重 22B ：Gross Weight

打印适用于运价的货物实际毛重（以公斤为单位时可保留至小数后两位）。

（3）重量单位 22C ：kg/lb

以公斤为单位用代号"K"。

以磅为单位用代号"L"。

（4）运价等级 22D ：Rate Class

根据需要打印下列代号：

M——最低运费 Minimum Charge；

N——45公斤以下（或100公斤以下）运价 Normal Rate；

Q——45公斤以上运价 Quantity Rate；

C——指定商品运价 Specific Commodity Rate；

R——等级货物附减运价 Class Rate Reduction；

S——等级货物附加运价 Class Rate Surcharge；

U——集装化设备基本运费或运价 Unit Load Device Basic Charge or Rate；

E——集装化设备附加运费 Unit Load Device Additional Rate；

X——集装化设备附加说明 Unit Load Device Additional Information；

Y——集装化设备折扣 Unit Load Device Discount。

（5）商品品名编号 22E ：Commodity Item No.

① 使用指定商品运价时，此栏打印指定商品品名代号（打印位置应与运价代号C保持水平）。

② 使用等级货物运价时，此栏打印附加或附减运价的比例（百分比）。

a. 与运价代号S对应打印附加运价比例，例如：N150，M200；

b. 与运价代号R对应打印附减运价比例，例如：N50。

③ 如果是集装货物，与运价代号"×"对应打印集装货物运价等级。

（6）计费重量 22F ：Chargeable Weight

① 打印与运价相应的货物计费重量。

② 如果是集装货物：

a. 与运价代号"U"对应打印适合集装货物基本运费的运价点重量。

b. 与运价代号"E"对应打印超过使用基本运费的重量。

c. 与运价代号"X"对应打印集装器空重。

（7）运价/运费 22G ：Rate/Charge

① 当使用最低运费时，此栏与运价代号"M"对应打印最低运费。

② 打印与运价代号"N"、"Q"、"C"等相应的运价。

③ 当货物为等级货物时，此栏与运价代号"S"或"R"对应打印附加或附减后的运价。

④ 如果货物是集装货物：

a. 与运价代号"U"对应打印集装货物的基本运费。

b. 与运价代号"E"对应打印超过基本运费有集装货物运价。

（8）总计 ㉒H ：Total

① 打印计费重量与适用运价相乘后的运费金额。

② 如果是最低运费或集装货物基本运费时，本栏与㉒G内金额相同。

（9）货物品名和数量 ㉒I ：Nature and Quantity of Goods

本栏应按要求打印，尽可能清楚、简明，使涉及该批货物的所有人员能够一目了然。

① 打印货物的品名（用英文大写字母）。

② 当一票货物中含有危险货物时，应分列打印，危险货物应列在第一项。

③ 活动物运输，本栏内容应根据IATA活动物运输规定打印。

④ 对于集合货物，本栏应打印"Consolidation as per Attached list"。

⑤ 打印货物的体积，用长 × 宽 × 高表示。例如，DIMS：20cm × 30cm × 40cm。

⑥ 本栏内货物的实际件数与 ㉒A 中不同时，应在实际件数后面加上"SLAC"（Shipper's Load and Count，托运人装点）字栏。

⑦ 可打印货物的产地国。

（10）总件数 ㉒J

打印 ㉒A 中各组货物的件数之和。

（11）总毛重 ㉒K

打印 ㉒B 中各组货物毛重之和。

（12）总计 ㉒L

打印 ㉒H 中各组货物运费之和。

（13）㉒Z

一般不需打印，除非承运人需要，此栏内可打印服务代号：

B——Service Shipment 公务货物；

C——Company Material 公司货物；

D——Door to Door Service 门对门服务；

J——Priority Service 优先服务；

P——Small Package Service 小件货服务；

T——Charter 包机。

19.其他费用 ㉓ ：Other Charges

（1）打印始发站运输中发生的其他费用，按全部预付或全部到付。

（2）作为到付的其他费用，应视为"代垫付款"，托运人应按代垫付款规定支付手续费，否则，对其他运费应办理到付业务。

（3）打印"其他费用"金额时，应冠以下列代号：

AC——Animal Container 动物容器租费；

AS——Assembly Service Fee 集中货物服务费；

AT——Attendant 押运员服务费；

AW——Air Way Bill Fee 货运单费；

BR——Bank Release 银行放行；

DB——Disbursement Fee 代垫付款手续费；

DF——Distribution Service 分发服务费；

FC——Charges Collect Fee 运费到付手续费；

GT——Government Tax 政府捐税；

HR——Human Remains 尸体，骨灰附加费；

IN——Insurance Premium 代办保险服务费；

LA——Live Animals 动物处理费；

MA——Miscellaneous —Due Agent 代理人收取的杂项费用；

MZ——Miscellaneous —Due Inssuing Carrier 填开货运单的承运人收取的杂项费用；

PK——Packaging 包装服务费；

RA——Dangerous Goods Surcharge 危险品处理费；

SD——Surface Charge Destination 目的站地面运输费；

SI——Stop in Transit 中途停运费；

SO——Storage Origin 始发站保管费；

SR——Storage Destination 目的站保管费；

SU——Surface Charge 地面运输费；

TR——Transit 过境费；

TX——Taxes 捐税；

UH——ULD Handlng 集装设备操作费。

（4）承运人收取的其他费用用 "C" 表示。

代理人收取的其他费用用 "A" 表示。

例如：AWC（承运人收取的货运单费）；AWA（代理人收取的货运单费）。

20. 预付（Prepaid）

（1）（预付）运费 ㉔Ⓐ ：（Prepaid）Weight Charge

打印货物计费重量计得的货物运费，与 ㉒Ⓗ 同。

（2）（预付）声明价值附加费 ㉕Ⓐ ：（Prepaid）valuation charge

托运人向承运人办理货物运输声明价值的话，此栏打印根据公式 [（声明价值–实际毛重×最高赔偿额）×0.75%] 计得的声明价值附加费金额。此项费用与 ㉒Ⓗ 或 ㉒Ⓛ 中的货物运费一起必须全部预付或全部到付。

（3）预付税款 ㉖Ⓐ ：（Prepaid）Tax

打印适用的税款。此项费用与 ㉒Ⓗ 或 ㉒Ⓛ 中的货物运费以及声明的价值附加费一起必须全部预付或全部到付。

（4）其他费用总额（Total Other Prepaid Charges）

有关栏内容根据 ㉓ 内的其他费用打印。

①（预付）由承运人收取的其他费用　㉗Ⓐ ：Total（prepaid）Charges Due Agent

打印由代理人收取和其他费用总额。

② 预付由承运人收取的其他费用　㉘Ⓐ ：Total Other Charges Due Carrier

打印由承运人收取的其他费用总额。

（5）㉙Ⓐ 无名称阴影栏目

本栏目不需打印，除非承运人需要。

（6）预付总计 Total Prepaid

打印㉔A、㉕A、㉖A、㉗A、㉘A等栏有关预付款项之和。

21. 到付COLLECT

（1）（到付）运费　㉔B：（Collect）Weight Charge

打印按货物计费重量计得的货物运费，与㉒H或㉒L中的金额一致。

（2）（到付）声明价值附加费　㉕B（Collect）Valuation Charge

此栏打印根据公式[（声明价值−实际毛重×最高赔偿额）×0.75%]计得的声明

价值附加费金额。此项费用与㉒H或㉒L中的货物运费一起全部预付或全部到付。

（3）（到付）税款㉖B（Collect）TAX

打印适用的税款金额，此项金额与㉒H或㉒L中货物运费以及声明价值附加费一起全部预付

或全部到付。

（4）（到付）的其他费用总额（Total Other Collect Charge）

有关栏内容根据㉓内的其他费用打印

①（到付）由代理人收取的其他费用㉗B Total（Collect）Charges Due Agent

打印由代理人收取的其他费用总额。

②（到付）由代理人收取的其他费用㉘B Total（Collect）Charges Due Carrier

打印由承运人收取的其他费用总额。

（5）㉙B无名称阴影栏目

此栏目不需打印，除非承运人需要

（6）（到付）总计㉚B Total Collect

打印㉔B、㉕B、㉖B、㉗B、㉘B等栏有关款项之和。

22. 托运人证明栏㉛Shipper's Certification Box
打印托运人名称（可参考②中的内容）并令其在本栏内签字或盖章。

23. 承运人填写栏Carrier's Execution Box

（1）填开日期㉜A Executed on（date）

按日、月、年的顺序打印货运单的填开日期（月份可用缩写），例如：06SEP1995。

（2）填开地点㉜B At（place）

打印机场或城市的全称或缩写。

（3）填开货运单的承运人或其他代理人签字　㉜C Signature of Issuing Carrier or Its Agent

填开货运单的承运人或其他代理人在本栏内签字。

24. 仅供承运人在目的站使用㉝ For Carrier's Use Only at Destination
本单不需打印。

25. 用目的站国家货币付费（仅供承运人使用）㉝A ~ ㉝D

（1）货币兑换比价　㉝A Currency Conversion Rate

打印目的站国家货币代号，后面是兑换比率。

（2）用目的站国家货币付费　㉝B CC.Charges in Dest Currency

将㉚B中所列到付总额，使用㉝B的货币换算比率折算成目的站国家货币的金额，打印在本

栏目内。

（3）在目的站的费用　㉝C Charges at Destination

最后承运人将目的站发生的费用金额包括利息等（自然增长的），打印在本栏。

（4）到付费用总额（Total Collect Charges）

打印㉝B与㉝C内的费用金额之和。

三、货运单填写样例

（1）普通货物——最低运费的货运单填写样例见图3-2。

图3-2　普通货物——最低运费的货运单填写样例

（2）指定商品运价的货运单填写样例见图3-3。

| 777 | NRT | 12345675 | | 777-12345675 |

Shipper's Name and Address	Shipper's Account Number	NOT NEGOTIABLE	TRANSPARENT AIR

FAST CAR LTD.
10 ROBUCHAN-CHO
CHIYODA-KU
TOKYO JAPAN 154

AIR WAYBILL
ISSUED BY

TRANSPARENT AIR
227 RUE BLANCHET
75076 PARIS FRANCE

Copies 1, 2 and 3 of this Air Waybill are originals and have the same validity.

Consignee's Name and Address / Consignee's Account Number

SPORTS CAR IMPORTERS
2000 CENTURY BLVD
LOS ANGELES CALIFORNIA USA
TELEX 7572

It is agreed that the goods described herein are accepted in apparent good order and condition (except as noted) for carriage SUBJECT TO THE CONDITIONS OF CONTRACT ON THE REVERSE HEREOF. ALL GOODS MAY BE CARRIED BY ANY OTHER MEANS INCLUDING ROAD OR ANY OTHER CARRIER UNLESS SPECIFIC CONTRARY INSTRUCTIONS ARE GIVEN HEREON BY THE SHIPPER, AND SHIPPER AGREES THAT THE SHIPMENT MAY BE CARRIED VIA INTERMEDIATE STOPPING PLACES WHICH THE CARRIER DEEMS APPROPRIATE. THE SHIPPER'S ATTENTION IS DRAWN TO THE NOTICE CONCERNING CARRIERS' LIMITATION OF LIABILITY. Shipper may increase such limitation of liability by declaring a higher value for carriage and paying a supplemental charge if required.

Issuing Carrier's Agent Name and City

SPEEDAIR SERVICES
NARITA

Accounting Information

Agent's IATA Code: 16-3 2011/0015 | Account No.

Airport of Departure (Addr. of First Carrier) and Requested Routing
NARITA

To	By First Carrier	Routing and Destination	to	by	to	by	Currency	CHGS Code	WT/VAL PPD COLL	Other PPD COLL	Declared Value for Carriage	Declared Value for Customs
LAX	TRANSPARENT AIR						JPY		X	X	NVD	

Airport of Destination	Requested Flight/Date	Amount of Insurance	INSURANCE
LOS ANGELES		XXX	INSURANCE: If Carrier offers insurance, and such insurance is requested in accordance with the conditions thereof, indicate amount to be insured in figures in box marked 'Amount of Insurance'

Handling Information

SCI

No. of Pieces RCP	Gross Weight	kg lb	Rate Class / Commodity Item No.	Chargeable Weight	Rate / Charge	Total	Nature and Quantity of Goods (incl. Dimensions or Volume)
10	450.0	K	C 4200	450 0	960	432000	AUTOMOBILE PARTS NO DIMENSIONS AVAILABLE

Prepaid	Weight Charge	Collect	Other Charges
	432000		

Valuation Charge

Tax

Total Other Charges Due Agent

Total Other Charges Due Carrier

Shipper certifies that the particulars on the face hereof are correct and that insofar as any part of the consignment contains dangerous goods, such part is properly described by name and is in proper condition for carriage by air according to the applicable Dangerous Goods Regulations.

FAST CAR LTD.
Signature of Shipper or his Agent

Total Prepaid	Total Collect
	432000

Currency Conversion Rates	CC Charges in Dest. Currency	01 JUN 2008	NARITA	SPEEDAIR SERVICES
		Executed on (Date)	at (Place)	Signature of Issuing Carrier or its Agent

| For Carrier's use only at Destination | Charges at Destination | Total Collect Charges | 777-12345675 |

ORIGINAL 3 (FOR SHIPPER)

图3-3 指定商品运价的货运单填写样例

（3）等级运价附减——作为货物运送的行李的货运单填写样例见图3-4。

| 777 | FRA | 12345675 | | | | | | | | | 777-12345675 |

Shipper's Name and Address	Shipper's Account Number		NOT NEGOTIABLE
MR. A. NARAYAN FRANKFURT AIRPORT FRANKFURT, GERMANY		**AIR WAYBILL** ISSUED BY	TRANSPARENT AIR 227 RUE BLANCHET 75076 PARIS FRANCE

Copies 1, 2 and 3 of this Air Waybill are originals and have the same validity.

Consignee's Name and Address	Consignee's Account Number
MR. A. NARAYAN 123 LIBERTY ST. MUMBAI INDIA	

It is agreed that the goods described herein are accepted in apparent good order and condition (except as noted) for carriage SUBJECT TO THE CONDITIONS OF CONTRACT ON THE REVERSE HEREOF. ALL GOODS MAY BE CARRIED BY ANY OTHER MEANS INCLUDING ROAD OR ANY OTHER CARRIER UNLESS SPECIFIC CONTRARY INSTRUCTIONS ARE GIVEN HEREON BY THE SHIPPER, AND SHIPPER AGREES THAT THE SHIPMENT MAY BE CARRIED VIA INTERMEDIATE STOPPING PLACES WHICH THE CARRIER DEEMS APPROPRIATE. THE SHIPPER'S ATTENTION IS DRAWN TO THE NOTICE CONCERNING CARRIERS' LIMITATION OF LIABILITY. Shipper may increase such limitation of liability by declaring a higher value for carriage and paying a supplemental charge if required.

Issuing Carrier's Agent Name and City	Accounting Information
SPEEDAIR SERVICES FRANKFURT	MCO NO. 777-40107129860 EUR 60.00 CASH EUR 11.75 TICKET 999-323526 564- XX123 25 MAR FRA BOM

Agent's IATA Code	Account No.
23-4 7422	

Airport of Departure (Addr. of First Carrier) and Requested Routing	Reference Number	Optional Shipping Information
FRANKFURT		

To	By First Carrier	Routing and Destination	to	by	to	by	Currency	CHGS Code	WT/VAL PPD COLL	Other PPD COLL	Declared Value for Carriage	Declared Value for Customs
BOM	TRANSPARENT AIR						EUR		X	X	NVD	NCV

Airport of Destination	Requested Flight/Date	Amount of Insurance	INSURANCE: If Carrier offers insurance, and such insurance is requested in accordance with the conditions thereof, indicate amount to be insured in figures in box marked 'Amount of Insurance'
MUMBAI		XXX	

Handling Information
HOLD FOR PICK-UP AT AIRPORT

SCI

No. of Pieces RCP	Gross Weight	kg lb	Rate Class / Commodity Item No.	Chargeable Weight	Rate / Charge	Total	Nature and Quantity of Goods (incl. Dimensions or Volume)
1	35.0	K	N	35.0	4.09	143.15	PERSONAL EFFECTS DIMS 71 x 51 x 21 CM x 1

Prepaid	Weight Charge	Collect	Other Charges
	143.15		
	Valuation Charge		
	Tax		
	Total Other Charges Due Agent		Shipper certifies that the particulars on the face hereof are correct and that **insofar as any part of the consignment contains dangerous goods, such part is properly described by name and is in proper condition for carriage by air according to the applicable Dangerous Goods Regulations.**
	Total Other Charges Due Carrier		

A. NARAYAN
Signature of Shipper or his Agent

Total Prepaid	Total Collect
143.15	

Currency Conversion Rates	CC Charges in Dest. Currency

01 JUN 2008   FRANKFURT   SPEEDAIR SERVICES
Executed on (Date)   at (Place)   Signature of Issuing Carrier or its Agent

For Carrier's use only at Destination	Charges at Destination	Total Collect Charges

777-12345675

ORIGINAL 3 (FOR SHIPPER)

图3-4　等级运价附减——作为货物运送的行李的货运单填写样例

（4）等级运价附加——贵重货物的货运单填写样例见图3-5。

777 | MEX | 12345675   777-12345675

| Shipper's Name and Address | Shipper's Account Number | NOT NEGOTIABLE **AIR WAYBILL** ISSUED BY | TRANSPARENT AIR 227 RUE BLANCHET 75076 PARIS FRANCE |

ANDREWES AND SON
AVENIDA 498 CHAPELATPEG
MEXICO CITY MX

Copies 1, 2 and 3 of this Air Waybill are originals and have the same validity

| Consignee's Name and Address | Consignee's Account Number |

SOCIETE GENEVOISE DE BANQUE
17 RUE DU MONT BLANC
1211 GENEVA 1 SWITZERLAND
PHONE 720-28-43 FAX 720-86-63

It is agreed that the goods described herein are accepted in apparent good order and condition (except as noted) for carriage SUBJECT TO THE CONDITIONS OF CONTRACT ON THE REVERSE HEREOF. ALL GOODS MAY BE CARRIED BY ANY OTHER MEANS INCLUDING ROAD OR ANY OTHER CARRIER UNLESS SPECIFIC CONTRARY INSTRUCTIONS ARE GIVEN HEREON BY THE SHIPPER, AND SHIPPER AGREES THAT THE SHIPMENT MAY BE CARRIED VIA INTERMEDIATE STOPPING PLACES WHICH THE CARRIER DEEMS APPROPRIATE. THE SHIPPER'S ATTENTION IS DRAWN TO THE NOTICE CONCERNING CARRIERS' LIMITATION OF LIABILITY. Shipper may increase such limitation of liability by declaring a higher value for carriage and paying a supplemental charge if required

Issuing Carrier's Agent Name and City

QUICK AIR SERVICES
MEXICO CITY

Accounting Information

| Agent's IATA Code | Account No. |
| 86-1 7921 | |

Airport of Departure (Addr. of First Carrier) and Requested Routing
MEXICO CITY

Reference Number | Optional Shipping Information

| To | By First Carrier | Routing and Destination | to | by | to | by | Currency | CHGS Code | WT/VAL PPD COLL | Other PPD COLL | Declared Value for Carriage | Declared Value for Customs |
| CDG | TRANSPARENT AIR | | GVA | YY | | | USD | | X | X | 200000.00 | NCV |

| Airport of Destination | Requested Flight/Date | Amount of Insurance | INSURANCE: If Carrier offers insurance, and such insurance is requested in accordance with the conditions thereof, indicate amount to be insured in figures in box marked 'Amount of Insurance' |
| GENEVA | | XXX | |

Handling Information

SCI

| No. of Pieces RCP | Gross Weight | kg lb | Rate Class Commodity Item No. | Chargeable Weight | Rate / Charge | Total | Nature and Quantity of Goods (incl. Dimensions or Volume) |
| 1 | 3.25 | K S | M200 | 3.5 | 200.00 | 200.00 | BANKNOTES VALUABLE CARGO NO DIMENSIONS AVAILABLE |

| Prepaid | Weight Charge | Collect | Other Charges |
| | 200.00 | | TRC 210.06 |

| Valuation Charge |
| 1499.45 |

| Tax |

| Total Other Charges Due Agent |

Shipper certifies that the particulars on the face hereof are correct and that insofar as any part of the consignment contains dangerous goods, such part is properly described by name and is in proper condition for carriage by air according to the applicable Dangerous Goods Regulations.

| Total Other Charges Due Carrier |
| 210.06 |

ANDREWS AND SON
....
Signature of Shipper or his Agent

| Total Prepaid | Total Collect |
| 1909.51 | |

| Currency Conversion Rates | CC Charges in Dest. Currency |

01 JUN 2008   MEXICO CITY   QUICK AIR SERVICES
....
Executed on (Date)   at (Place)   Signature of Issuing Carrier or its Agent

| For Carrier's use only at Destination | Charges at Destination | Total Collect Charges |

777-12345675

ORIGINAL 3 (FOR SHIPPER)

图3-5　等级运价附加——贵重货物的货运单填写样例

（5）等级运价附加——活动物的货运单填写样例见图3-6。

| 777 | GIG | 12345675 | | | 777-12345675 |

| Shipper's Name and Address
AIRPORT PET SHOP
AEROPORTO SANTOS DUMONT
RIO DE JANEIRO BRAZIL | Shipper's Account Number | NOT NEGOTIABLE
AIR WAYBILL
ISSUED BY | TRANSPARENT AIR
227 RUE BLANCHET
75076 PARIS FRANCE |

Copies 1, 2 and 3 of this Air Waybill are originals and have the same validity.

| Consignee's Name and Address
ORIENT ANIMAL HOSPITAL
NARITA AIRPORT
TOKYO JAPAN | Consignee's Account Number | It is agreed that the goods described herein are accepted in apparent good order and condition (except as noted) for carriage SUBJECT TO THE CONDITIONS OF CONTRACT ON THE REVERSE HEREOF. ALL GOODS MAY BE CARRIED BY ANY OTHER MEANS INCLUDING ROAD OR ANY OTHER CARRIER UNLESS SPECIFIC CONTRARY INSTRUCTIONS ARE GIVEN HEREON BY THE SHIPPER, AND SHIPPER AGREES THAT THE SHIPMENT MAY BE CARRIED VIA INTERMEDIATE STOPPING PLACES WHICH THE CARRIER DEEMS APPROPRIATE. THE SHIPPER'S ATTENTION IS DRAWN TO THE NOTICE CONCERNING CARRIERS' LIMITATION OF LIABILITY. Shipper may increase such limitation of liability by declaring a higher value for carriage and paying a supplemental charge if required. |

| Issuing Carrier's Agent Name and City
SPEEDAIR SERVICES
RIO INTERNACIONAL | Accounting Information |

| Agent's IATA Code
57-1 0375 | Account No. |

| Airport of Departure (Addr. of First Carrier) and Requested Routing
RIO INTERNACIONAL | Reference Number | Optional Shipping Information |

To	By First Carrier	Routing and Destination	to	by	to	by	Currency	CHGS Code	WT/VAL PPD COLL	Other PPD COLL	Declared Value for Carriage	Declared Value for Customs
MIA	TRANSPARENT AIR		LAX	YY	NRT	ZZ	USD		X	X	NVD	NCV

| Airport of Destination
NARITA | Requested Flight/Date | Amount of Insurance
XXX | INSURANCE: If Carrier offers insurance, and such insurance is requested in accordance with the conditions thereof, indicate amount to be insured in figures in box marked 'Amount of Insurance' |

Handling Information
SHIPPER'S CERTIFICATION FOR LIVE ANIMALS ATTACHED
DO NOT FEED BUT FRESH WATER TO BE PROVIDED

SCI

No. of Pieces RCP	Gross Weight	kg lb	Rate Class / Commodity Item No.	Chargeable Weight	Rate / Charge	Total	Nature and Quantity of Goods (incl. Dimensions or Volume)
1	48.0	K	S N150	96.0	22.20	2131.20	1 LIVE DOG DIMS 60 x 80 x 120CM x 1

Prepaid	Weight Charge	Collect	Other Charges
	2131.20		ACC 22.00

| Valuation Charge |

| Tax |

| Total Other Charges Due Agent | Shipper certifies that the particulars on the face hereof are correct and that **insofar as any part of the consignment contains dangerous goods, such part is properly described by name and is in proper condition for carriage by air according to the applicable Dangerous Goods Regulations.** |

| Total Other Charges Due Carrier
22.00 |

AIRPORT PET SHOP
....
Signature of Shipper or his Agent

| Total Prepaid
2153.20 | Total Collect |

Currency Conversion Rates	CC Charges in Dest. Currency	01 JUN 2008	RIO INTERNACIONAL	SPEEDAIR SERVICES
For Carrier's use only at Destination	Charges at Destination	Executed on (Date)	at (Place)	Signature of Issuing Carrier or its Agent
		Total Collect Charges		777-12345675

ORIGINAL 3 (FOR SHIPPER)

图3-6 等级运价附加——活动物的货运单填写样例

（6）危险品——仅限货机的货运单填写样例见图3-7。

Shipper's Name and Address	Shipper's Account Number		
LAWSON DRUG CO. 3100 BEVIN BLVD LONDON GB		NOT NEGOTIABLE **AIR WAYBILL** ISSUED BY	TRANSPARENT AIR 227 RUE BLANCHET 75076 PARIS FRANCE

Copies 1, 2 and 3 of this Air Waybill are originals and have the same validity

Consignee's Name and Address	Consignee's Account Number
H.H. DRUG CO. 10 FIFTH AVE NEW YORK NY USA	

It is agreed that the goods described herein are accepted in apparent good order and condition (except as noted) for carriage SUBJECT TO THE CONDITIONS OF CONTRACT ON THE REVERSE HEREOF. ALL GOODS MAY BE CARRIED BY ANY OTHER MEANS INCLUDING ROAD OR ANY OTHER CARRIER UNLESS SPECIFIC CONTRARY INSTRUCTIONS ARE GIVEN HEREON BY THE SHIPPER, AND SHIPPER AGREES THAT THE SHIPMENT MAY BE CARRIED VIA INTERMEDIATE STOPPING PLACES WHICH THE CARRIER DEEMS APPROPRIATE. THE SHIPPER'S ATTENTION IS DRAWN TO THE NOTICE CONCERNING CARRIERS' LIMITATION OF LIABILITY. Shipper may increase such limitation of liability by declaring a higher value for carriage and paying a supplemental charge if required

Issuing Carrier's Agent Name and City

Accounting Information

Agent's IATA Code | Account No.

Airport of Departure (Addr. of First Carrier) and Requested Routing
HEATHROW

To	By First Carrier Routing and Destination	to	by	to	by	Currency	CHGS Code	WT/VAL		Other		Declared Value for Carriage	Declared Value for Customs
								PPD	COLL	PPD	COLL		
JFK	TRANSPARENT AIR					GBP		X		X		NVD	NCV

Airport of Destination	Requested Flight/Date	Amount of Insurance	INSURANCE: If Carrier offers insurance, and such insurance is requested in accordance with the conditions thereof, indicate amount to be insured in figures in box marked 'Amount of Insurance'
J.F. KENNEDY		XXX	

Handling Information

DANGEROUS GOODS AS PER ATTACHED SHIPPER'S DECLARATION
CARGO AIRCRAFT ONLY

SCI

No. of Pieces RCP	Gross Weight	kg lb	Rate Class / Commodity Item No.	Chargeable Weight	Rate / Charge	Total	Nature and Quantity of Goods (incl. Dimensions or Volume)
1	35.0	K	N	35.0	4.43	155.05	ETHANOL NO DIMENSIONS AVAILABLE

Prepaid	Weight Charge	Collect	Other Charges
155.05			AWC 3.50 RAC 30.94

Valuation Charge

Tax

Total Other Charges Due Agent

Shipper certifies that the particulars on the face hereof are correct and that insofar as any part of the consignment contains dangerous goods, such part is properly described by name and is in proper condition for carriage by air according to the applicable Dangerous Goods Regulations.

Total Other Charges Due Carrier
34.44

LAWSON DRUG CO.
....
Signature of Shipper or his Agent

Total Prepaid	Total Collect
189.49	

Currency Conversion Rates	CC Charges in Dest. Currency

01 JUN 2008	HEATHROW	TRANSPARENT AIR
Executed on (Date)	at (Place)	Signature of Issuing Carrier or its Agent

For Carrier's Use only at Destination	Charges at Destination	Total Collect Charges

777-12345675

ORIGINAL 3 (FOR SHIPPER)

图3-7 危险品——仅限货机的货运单填写样例

练习思考题

1.何谓货运单？它由多少联组成？

2.货运单的作用是什么？

3.谁应对货运单的正确填开负法律责任？

第四章

货物的运价和运费及其他费用

学习目标

1. 了解并熟练掌握计费重量的确定，货币的进位规则及运价、运费的基本概念。
2. 重点掌握各种货物的运费计算及相关费用的收取。

第一节
货物的计费重量

一、计费重量的确定

计费重量是指用以计算货物运费的重量。货物的计量重量或者是货物的实际重量，或者是货物的体积重量，或者是较高重量分界点的重量。

 例4-1

一件货物重35kg，由纽约运至伦敦，已知纽约至伦敦的运价是：

45kg以下：2.85 USD /kg

45kg以上：2.18 USD /kg

航空运费 = 35 kg ×2.85USD/kg = 99.75USD

若使用45kg以上运价：航空运费 = 45 kg ×2.18USD/kg = 98.10USD，可见，用45kg以上运价计得的运费低于用实际重量乘以45kg以下运价计得的运费，所以45kg就可作为货物的计费重量。

二、计费重量的计算单位

货物的计费重量以0.5kg为单位，重量不足0.5kg按0.5kg计算，超过0.5kg的按1kg计算。若重量单位为磅（lb），则一律进到整数。

Gross Weight　100.4kg　= Chargeable Weight　100.5kg
Gross Weight　100.8kg　= Chargeable Weight　101.0kg
Gross Weight　100 1b 30 unces　= Chargeable Weight　101 1b
Gross Weight　100 1b 80 unces　= Chargeable Weight　101 1b

三、计费重量的计算

1.实际毛重

货物的实际毛重是指货物本身加上包装的重量。由于飞机最大起飞重量及货舱可用载量的限制，一般情况下，对于高密度货物（High Density Cargo），应考虑货物实际毛重可成为计费重量。

2.体积重量

按照国际航协规则，将货物的体积按一定的比例折合成的重量，称为体积重量。

由于货舱空间体积的限制，一般对于低密度的货物（Low Density Cargo），即轻泡货物，考虑其体积重量可能会成为计费重量。

轻泡货物是指货物每千克的体积超过6000cm³或366cuin的货物。

计算体积重量分为下列几个步骤。

（1）求体积。

（2）将体积换算成重量。

①丈量每件货物的最长、最宽、最高的尺寸。

②将量得的三边进整，厘米（英寸）后四舍五入。

一件货物的体积：
$150.2cm \times 125.5cm \times 100.6cm = 150cm \times 126cm \times 101cm$

一件货物的体积：
$75\frac{3}{8}in \times 65\frac{1}{2}in \times 55\frac{3}{4}in = 75in \times 66in \times 56in$

③将三边相乘得出货物的体积：

$$150cm \times 126cm \times 101cm = 1908900cm^3$$

$$75in \times 66in \times 56in = 277200cuin$$

④ 轻泡货物每千克的体积限额应根据IATA有关规定

6000cm³ 或 366cuin 或 166cuin 折合成1kg（1lb）

例外情况：有些国家对货物的体积重量折算有特殊规定。

货物重量是kg，体积是cucm，除以6000cm³/kg；

货物重量是kg，体积是cuin，除以366cuin/kg；

货物重量是1b，体积是cuin，除以166cuin/lb。

体积重量在进位前保留两位小数。

例4-5

1908900cm³/（6000cm³/kg）= 318.15kg

277200cuin/（366cuin/kg）= 757.37kg

277200cuin/（166cuin/lb）= 1669.87lb

⑤ 用计费重量的进位方法将得出的体积重量进位。

例4-6

318.15kg = 318.5kg

757.35kg = 757.5kg

1669.87lb = 1670lb

（3）圆柱体或不规则形状货物（图4-1）的体积重量。

① 圆柱体：可将货物作为底部是正方形（边长是货物底面圆的直径）的长方体来计算体积。

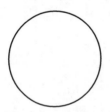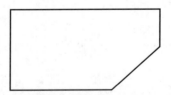

图4-1　圆柱体与不规则形状货物

② 不规则形状：将视为规则形状来计算体积。

这类货物应根据货物实际占用空间的大小来计算体积重量。

（4）由一张货运单运输的两件以上货物的体积重量等于货物总的体积除以6000cm³/kg或366cuin/1b。

例4-7

一张货运单上有货物两件，其中A：1箱，30kg，体积90cm×50cm×70cm；B：1桶，60kg,体积50cm×50cm×120cm。

第一步，计算出货物的总体积

A：90cm×50cm×70cm＝315000cm³

B：50cm×50cm×120cm＝300000cm³

总计：615000cm³

第二步，用货物总体积求得该票货物的体积重量：

615000cm÷6000cm/kg＝102.50kg＝102.5kg

综上所述，当货物的实际毛重大于体积重量时，计费重量就以实际毛重为准，反之货物的计费重量就以体积重量为准。

如上例中，货物实际毛重是30+60＝90kg，体积重量是102.5kg，货物的计费重量是102.5kg。

第二节
货　币

一、货币代号

1990年1月1日起，国际标准化组织（ISO）公布了统一的货币代号，每一ISO货币代号由两个字母的国家代码和每一国家货币的首字母组成。

例如：

国家	国家二字代码	货币名称	首字母	ISO货币代码
Australia	AU	Dollar	D	AUD
Belgium	BE	France	F	BEF
Brazil	BR	Curzeior	C	BRC
Chile	CL	Peso	P	CLP
China，P.R	CN	Yuan Renminbi	Y	CNY
Denmark	DK	Krone	K	DKK
Japan	JP	Yen	Y	JPY
Kenya	KE	Shilling	S	KES
Kuwait	KW	Dinar	D	KWD
Mauritius	MU	Rupee	R	MUR
Zambia	ZM	Kwacha	K	ZMK

详细内容请参阅 TACT Rules Section 5.7.1 Currency Table（TACT规则手册5.7.1节货币进位表）（见表4-1）以及 TACT Rates Book Section 5.3.1 Constrction Exchange Rates（TACT 运价手册5.3.1 比例运价兑换表）（见表4-2）。

表4-1　货币进位（节选）

国家	货币		进位规则		
	名称	单位	代码（除最低运费）		最低运费
Abu Dahabi	UAE Dirham	100File	AED	0.05	1
Afghan	Afghan	100Pule	AFA	1	1
Ajman	UAE Dirhan	100Fils	AED	0.05	1
Albania	Lek	100 Quintarks	ALL	0.01	1
Algeia	Algerian Dinar	100 Centimes	DZD	0.05	1

表4-2　比例运价兑换（节选）

国家	货币		兑换率	进位	
	名称	代码		（1）	（2）
Malta	Malta Lira	MTL	0.32884	0.01	1
Martinque	French Franc	FRF	5.35969	0.05	10
Mauriania	Ouguiya	MRO	105.25300	1	20

二、货币的进位

货币的进位规则同样参阅 TACT Rules Section 5.7.1（见表4-3）和 Tact Rates Book Section 5.3.1（见表4-4）。货币的进位规则分为最低运费和除最低运费以外两种，查阅时请注意分清规则。

表4-3　TACT Rules 5.7.1货币进位规则

国家	货币		进位	
	名称	单位	代号（除最低运费）	最低运费
Malta	Malta Lira	100Cents	MTL	0.01	1
Martinque	French Franc	100Centimes	FRF	0.05	10
Mauriania	Ouguiya	5khoums	MRO	1	20

表4-4　比例运价兑换

Country	Currency		Construction Exchange Rate	Rounding off Units	
	Name	Code		（1）	（2）
Malta	Malta Lira	MTL	0.32884	0.01	1
Martinque	French Franc	FRF	5.35969	0.05	10
Mauriania	Ouguiya	MRO	105.25300	1	20

注：（1）指最低运费以外的进位；（2）最低运费的进位。

进位时，将运费计算至超过进位规则一位小数。

例如：KUD0.005（3位小数）

运费计算至KUD4.448 <u>1</u>（4位小数）

然后，采取半数进位方法：超过半数，进上去；低于半数，舍去。

例4-8

进位单位：0.005；需进位的数为4.4481。

则进位后或者是4.450（进上去）；或者是4.445（舍去）。

中间数是4.4475.4.4481>4.4475，故进上去为4.450。

TACT Rules5.7.2公布了进位的计算方法，从此可以看出0.001、0.01、0.10、1、10的进位，一般采用四舍五入的方法；而0.005、0.05、0.50、5的进位要相对复杂些，进位时可参阅表4-5进位规则的方法，也可用半数法。

表4-5　Rounding Off Procedures进位规则

进位单位	计算结果位于	进位数值
0.001	104.9995 ~ 105.0004	105.00
	105.0005 ~ 105.0014	105.001
0.005	105.0025 ~ 105.0074	105.005
	105.0075 ~ 105.0124	105.010
0.01	104.995 ~ 105.0004	105.00
	105.005 ~ 105.014	105.01
0.05	105.025 ~ 105.149	105.05
	105.150 ~ 105.249	105.10
0.10	105.050 ~ 105.149	105.10
	105.150 ~ 105.249	105.20
0.50	105.250 ~ 105.749	105.50
	105.750 ~ 105.249	105.00
1	104.5 ~ 105.4	105
	105.5 ~ 112.4	106
5	102.5 ~ 107.4	105
	105.5 ~ 112.4	110
10	105.0 ~ 114.9	110
	115.0 ~ 124.9	120

<h1 align="center">第三节</h1>
<h1 align="center">运价和运费的基本概念</h1>

一、运价和运费的定义

1.运价（Rate）

运价又称费率，是承运人为运输规定单位（或体积）重量的货物所收取的费用，它只包括机场与机场之间的航空运输费用。

2.运费（Freight Charge）

运费是指运输一票货物所收取的费用。货物的运费是根据适用的运价乘以计费重量而得出的。

3.最低运费（Minimum Charge）

最低运费是指不论货物的重量和体积是多少，在两点之间运输一票货物应收取的最低费用金额。

4.声明价值费（Valuation Charge）

声明价值费是根据货物的声明价值而收取的运费附加费。

货物的价值每千克超过19SDR（特别提款权），则收取其超过部分的0.75%的附加费。

二、运价分类

1.普通货物运价（General Cargo Rate）

普通货物运价是指运输除等级运价或指定商品运价以外的货物。它分为45kg以下货物运价（如无45kg运价，则100kg以下运价）和45kg以上各个重量等级的运价。

2.指定商品运价（Specific Commodity Rates）

指定商品运价是指自指定的始发地至指定的目的地而公布的低于普通货物运价的特定商品的运价。这类运价的每一不同运价都有一个不同的最低重量的规定，使用时应遵守规定。

3.等级运价（Class Rates）

等级运价是指在指定的地区内或地区之间实行的高于或低于一般货物运价的少数几种商品运价，这类运价以普通货物运价作为基数，附加或附减一个百分比。

4.集装货物运价（Unitized Consignments）

集装货物运价是指适用于货物装入集装器交运而不另加包装的特别运价。可参见TACT的3.10相关内容。

5.国际优先运输货物服务

可参见TACT的3.11相关内容。

6.小件货物运输服务

可参见TACT的3.12相关内容。

三、运价分类代号

M	Minimum Charge	最低运费
N	Normal Rate	45kg以下普通货物运价
Q	Quantity Rate	45kg以上普通货物运价
C	Specific Commodity Rate	指定商品运价
R	Class Rate Reduction	等级运价附减
S	Class Rate Surcharge	等级运价附加

四、运价使用的一般规定

（1）机场至机场间的运价不包括任何其他费用，如取/送货费、报关费、保管费等；

（2）原则上讲运价的使用与路线的选择无关，但是有时承运人对路线的选择会对运价有影响；

（3）运价以始发站当地货币表示，有些国家的当地货币以美元表示；

（4）运价要严格按照始发站向到达站的方向使用，不得使用反方向运价；

（5）公布运价和运费是以每千克/磅为基础的；

（6）运价及运费以填开货运单当天的有效运价为准；

（7）除非另有说明，各种运价计算出的航空运费均要考虑最低运费。

五、运价的使用顺序

1.首先使用公布直达运价

只要自始发地至目的地有公布运价时，各航空公司都应当使用直达运价，任何采用分段相加而获得的较低运价都不得使用。

公布直达运价的使用顺序如下。

（1）指定商品运价

指定商品运价优先于等级运价和普通货物运价，但如果适用于普通货物的某一重量分界点的运价低于指定商品运价时，则使用低运价。

（2）等级运价

等级运价应优先于普通货物运价，但如果使用普通货物的某一重量分界点的运价低于使用等级运价时，则可按低运价计收。

（3）普通货物运价

2.使用比例运价

如自始发地至目的地无公布直达运价时，应首先使用比例运价组成最低直达运价。

3.使用分段相加运价

如自始发地至目的地无公布直达运价和比例运价时，最后只能通过挑选最合理的运价相加点，组成最低的分段相加的全程运价。

第四节
最低运费

一、公布的最低运费

凡是两点间有公布的直达运价的存在，就有一个公布的最低运费。除另有特别规定外，每一批货物的计费重量所计得的运费不得低于公布的最低运费。声明价值费不得算入重量或体积运费。

二、TACT手册未公布地点的最低运费

根据TACT Rules 3.4.2 的规定，TACT 未公布地点的最低运费按所列金额收取，查阅TACT Rules Book 3.4.2。

表4-6所列是摘录 TACT Rules 第58期中国始发至世界各地的最低运费。

表4-6　中国始发至各地区/分区最低运费

从中国始发		最低运费/CNY
地区	分区/例外	
1		420.00
2	欧洲，中东（Europe, Middle East）	320.00
2	非洲（Africa）	610.00
3	日本，韩国（Japan, Korea Rep.of）	230.00
3	朝鲜（Korea, Dem.Rep.of）	230.00
3	南亚次大陆（South Asian Subcontinent）	230.00
3	东南亚（South East Asia）	230.00
3	西南太平洋（South West Pacific）	420.00

第五节
普通货物运价

一、基本知识

普通货物运价是指除了等级货物运价和指定商品运价以外的适合于普通货物运输的运价。该运价公布在TACT Rates Books Section 4 中。

一般来说，普通货物运价根据货物重量不同，分为若干个重量等级分界点运价。例如，"N"表示标准普通货物运价（Normal General Cargo Rate），指的是45kg以下的普通货物运价（如无45kg以下运价时，N表示100kg以下普通货物运价）。同时，普通货物运价还公布有"Q45"、"Q100"、"Q300"等不同重量等级分界点的运价。这里"Q45"表示45kg以上（包括45kg）普通货物的运价，依此类推。对于45kg以上的不同重量分界点的普通货物运价均用"Q"表示。

用货物的计费重量和其适用的普通货物运价计算而计得的航空运费不得低于运价资料上公布的航空运费的最低收费标准（M）。

这里，代号"N"、"Q"、"M"在货运单的销售工作中，主要用于填制货运单运费计算栏中"Rate Class"一栏。

二、运费计算

1.运费计算的术语解释

Dimension：尺寸；

Volume：体积；

Volume Weight：体积重量；

Chargeable Weight：计费重量；

Applicable Rate：适用运价；

Weight Charge：航空运费；

Routing：航线；

Commodity：货物品名；

Nature and Quantity of Goods（Incl Dimensions or Volume）：货物品名栏（包括尺寸或体积）。

2.计算

 例4-9

Routing：Beijing，CHINA（BJS）to Tokyo，JAPAN（TYO）；
Commodity：Sample；
Gross Weight：25.5 kg；
Dimensions：82cm×48cm×32 cm。
计算该票货物的航空运费。
公布的航空运价见表4-7。

表4-7　航空运价

Beijing	CN	BJS
Y.Renminbi	CNY	KGS
Tokyo JP	M	230.00
	N	37.51
	45	28.13

Volume：82cm×48cm×32cm = 125952cm^3

Volume Weight：125952cm^3 ÷6000cm^3/kg = 20.992kg ≈ 21.0kg

Gross Weight：25.2kg

Chargeable Weight：25.5kg

Applicable Rate：GCR N 37.51 CNY/kg

Weight Charge：25.5kg× 37.51CNY/kg = 956.51CNY

航空货运单运费计算栏填制见表4-8。

表4-8　航空货运单运费计算栏

No of Pieces Rcp	Gross Weight	kg/ lb	Rate Class		Chargeble Weight	Rate/ Charge	Total	Nature and Quantity of Goods（Incl Dimensions or Volume）
				Commodity Item No				
1	25.2	k	N		25.5	37.51	956.51	Sample DIMS： 82cm×48cm×32cm

例4-10

Routing：Beijing，China（BJS）to　Amsterdam，Holland（AMS）；

Commodity：Parts；

Gross Weight：38.6 kg；

Dimensions：101cm× 58cm ×32cm。

计算其航空运费。

公布的航空运价见表4-9。

表4-9　航空运价

Beijing Y.Renminb	CN CNY	BJS KGS
Amsterdam NL	M	320.00
	N	50.22
	45	41.53
	300	37.52

1. 按实际重量计算

Volume：101cm× 58cm × 32cm = 187456 cm^3

Volume Weight：187456cm^3 ÷ 6000 cm^3/kg = 31.24 kg ≈ 31.5kg

Gross Weight：38.6kg

Chargeable Weight：39.0 kg

Applicable Rate：GCR N 50.22 CNY/kg

Weight Charge：39.0kg× 50.22 CNY/kg = 1958.58CNY

2.采用较高重量分界点的较低运价计算

Chargeable Weight：45.0 kg

Applicable Rate：GCR Q 41.53 CNY/kg

Weight Charge：41.53 CNY/kg × 45.0 kg = 1868.85CNY

（1）与（2）比较，取运费较低者，最终运费为1868.85CNY。

航空货运单运费计算栏填制见表4-10。

表4-10　航空货运单运费计算栏

| No of Pieces Rcp | Gross Weight | kg/lb | Rate Class | | Chargeble Weight | Rate/Charge | Total | Nature and Quantity of Goods（Incl Dimensions or Volume） |
			Commodity Item No					
1	38.6	k	Q		45.0	41.53	1868.85	Parts DIMS：101cm × 58cm × 32cm

 例4-11

Routing：Shanghai，China（SHA）to Paris，France（PAR）；

Commodity：Toys；

Gross Weight：5.6 kg；

Dimensions：40cm × 28cm × 22 cm。

计算其航空运费。

公布的航空运价见表4-11。

表4-11　航空运价

Shanghai Y.Renminbi		CN CNY	SHA KGS
PARIS	FR	M	320.00
		N	50.37
		45	41.43
		300	37.90
		500	33.42
		1000	30.71

运费计算如下：

Volume：40cm × 28cm × 22cm = 28640cm^3

Volume Weight：28640cm^3 ÷ 6000cm^3/kg = 4.11kg ≈ 4.5kg

Gross Weight：5.6kg

Chargeable Weight：6.0kg

Applicable Rate：GCR N 50.37 CNY/kg

Weight Charge：6.0kg × 50.37 CNY/kg = 302.22CNY

Minimum Charge : 320.00 CNY

此票货物的航空运费应为 320.00 CNY。

航空货运单运费计算栏填制见表4-12。

表4-12 航空货运单运费计算栏

No of Pieces Rcp	Gross Weight	kg/lb		Rate Class		Chargeble Weight	Rate/Charge	Total	Nature and Quantity of Goods（Incl Dimensions or Volume）
				Commodity Item No					
1	5.6	K	M			6.0	320.00	320.00	Toys DIMS：40cm×28cm×22cm

第六节
指定商品运价

一、基本知识

1.基本概念

指定商品运价是指适用于自规定的始发地至规定的目的地运输特定品名货物的运价。

通常情况下，指定商品运价低于相应的普通货物运价。就其性质而言，该运价是一种优惠性质的运价。鉴于此，指定商品运价在使用时，对于货物的起讫地点、运价使用期限、货物运价的最低重量起点等均有特定的条件。

使用指定商品运价的原因可归纳为以下两方面：其一，在某特定航线上，一些较为稳定的货主经常地或者是定期地托运特定品名的货物，托运人要求承运人提供一个较低的优惠运价；其二，航空公司为了有效地利用其运力，争取货源并保证飞机有较高的载运率，向市场推出一个较有竞争力的优惠运价。有些指定商品运价也公布了不同的重量等级分界点，旨在鼓励货主托运大宗货物，并意识到选择空运的经济性及可行性。

2.指定商品运价的分组和编号

在TACT Rates Books 的 Section 2 中，根据货物的性质、属性以及特点等对货物进行分类，共分为十大组，每一组又分为十个小组。同时，对其分组形式用四位阿拉伯数字进行编号，该编号即为指定商品货物的品名编号。

指定商品货物的分组及品名编号如下：

0001 ~ 0999可食用的肉类和植物类产品（Edible animal and vegetable products）；

1000 ~ 1999活动物及非食用的肉类和植物类产品（Live animal and inedible animal and vegetable products）；

2000 ～ 2999纺织品、纤维及其制品（Textiles；fibres and manufactures）；

3000 ～ 3999金属及其制品，不包括机器、车辆和电器设备（Metals and manufactures，excluding machinery，vehicles and electrical equipment）；

4000 ～ 4999机器、车辆和电器设备（Machinery，vehicles and electrical equipment）；

5000 ～ 5999非金属矿及其制品（Non – metallic minerals and manufactures）；

6000 ～ 6999化工品及其相关产品（Chemicals and related products）；

7000 ～ 7999纸张、芦苇、橡胶和木材制品（Paper，reed，rubber and wood manufactures）；

8000 ～ 8999科学仪器、专业仪器、精密仪器，器械及配件（Scientific、professional and precision instruments、apparatus and supplies）；

9000 ～ 9999其他（Miscellaneous）。

二、指定商品运价的使用规则

在使用指定商品运价时，只要所运输的货物满足下述三个条件，则运输始发地至运输目的地就可以直接使用指定商品运价：

① 运输始发地至目的地之间有公布的指定商品运价；

② 托运人所交运的货物，其品名与有关指定商品运价的货物品名相吻合；

③ 货物的计费重量满足指定商品运价使用时的最低重量要求。

使用指定商品运价计算航空运费的货物，其航空货运单的"Rate Class"一栏，用字母"C"表示。

三、运费计算

1.计算步骤

（1）先查询运价表，如有指定商品代码，则考虑使用指定商品运价。

（2）查找TACT Rates Books的品名表，找出与运输货物品名相对应的指定商品代码。

（3）如果货物的计费重量超过指定商品运价的最低重量，则优先使用指定商品运价。

（4）如果货物的计费重量没有达到指定商品运价的最低重量，则需要比较计算。

2.计算

 例4-12

Routing：Beijing，China（BJS）to Osaka，Japan（OSA）；

Commodity：Fresh Apples；

Gross Weight：Each 65.2 kg，Total　5　Pieces；

Dimensions：102cm× 44cm ×25cm ×5。

计算航空运费。

公布的航空运价见表4-13。

表4-13　航空运价

Beijing Y.Renminbi	CN CNY		BJS KGS
Osaka JP		M	320.00
		N	37.51
		45	28.13
	0008	300	18.80
	0300	500	20.61
	1093	100	18.43
	2195	500	18.80

查找 TACT Rates Books 的品名表，品名编号"0008"所对应的货物名称为"Fruit, Vegetables—Fresh"，现在承运的货物是 Fresh Apples，符合指定商品代码"0008"，货主交运的货物重量符合"0008"指定商品运价使用时的最低重量要求。

运费计算如下：

Volume：102cm × 44cm × 25cm × 5 = 561000cm³

Volume Weight：561000cm³ ÷ 6000cm³/kg = 93.5kg

Gross Weight：65.2kg × 5 = 326.0kg

Chargeable Weight：326.0kg

Applicable Rate：SCR 0008/Q300　18.80 CNY/kg

Weight Charge：326.0kg × 18.80 CNY/kg = 6128.80CNY

航空货运单运费计算栏填制见表4-14。

表4-14　航空货运单运费计算栏

No of Pieces Rcp	Gross Weight	kg/ lb		Rate Class	Chargeble Weight	Rate/ Charge	Total	Nature and Quantity of Goods（Incl Dimensions or Volume）
				Commodity Item No				
5	326.0	K	C	0008	326.0	18.80	6128.80	Fresh Apples DIMS： 102cm × 44cm × 25cm × 5

例4-13

Routing：Beijing，China（BJS）to Nagoya，Japan（NGO）；

Commodity：Fresh Orange；

Gross Weight：Each 47.8 kg，Total　6　Pieces；

Dimensions：128cm × 42cm × 36cm × 6。

计算航空运费。

公布的航空运价见表4-15。

表4-15 航空运价

Beijing Y.Renminbi	CN CNY	BJS KGS	
Nagova JP		M	230.00
		N	37.51
		45	28.13
	0008	300	18.80
	0300	500	20.61
	1093	100	18.43
	2195	500	18.80

（1）按普通运价使用规则计算

Volume：128cm×42cm×36cm ×6 = 1161216cm^3

Volume Weight：1161216cm^3 ÷6000cm^3/kg = 193.536kg ≈ 194.0kg

Gross Weight：47.8kg× 6 = 286.8 kg

Chargeable Weight：287.0kg

分析：由于计费重量没有满足指定商品代码"0008"的最低重量要求300kg，因此只能先用普通货物来算。

Applicable Rate：GCR / Q45 28.13 CNY/kg

Weight Charge：287.0kg× 28.13 CNY/kg = 8073.31CNY

（2）按指定商品运价使用规则计算

Actual Gross Weight：286.8 kg

Chargeable Weight：300.0 kg

Applicable Rate：SCR 0008/Q300 18.80CNY/kg

Weight Charge：300.0 kg ×18.80 CNY/kg = 5640.00CNY

对比（1）与（2），取运费较低者，最终运费为5640.00CNY。

航空货运单运费计算栏填制见表4-16。

表4-16 航空货运单运费计算栏

No of Pieces Rcp	Gross Weight	kg/ lb	Rate Class		Chargeble Weight	Rate/ Charge	Total	Nature and Quantity of Goods（Incl Dimensions or Volume）
				Commodity Item No				
6	286.8	K	C	0008	300.0	18.80	5640.00	Fresh Orange DIMS：128cm×42cm×36cm ×6

注：在使用指定商品运价计算运费时，如果其指定商品运价直接使用的条件不能完全满足（例如，货物的计费重量没有达到指定商品运价使用的最低重量要求），使得按指定商品运价计得的运费高于按普通货物运价计得的运费时，则按低者收取航空运费。

例4-14

Routing：Beijing，China（BJS）to Nagoya，Japan（NGO）；

Commodity：Fresh Orange

Gross Weight：Each 47.8 kg，Total　4　Pieces；

Dimensions：128cm × 42cm ×36cm ×4；

计算航空运费。

公布的航空运价见表4-17。

表4-17　航空运价

Beijing Y.Renminbi		CN CNY	BJS KGS
Nagoya JP		M	230.00
		N	37.51
		45	28.13
	0008	300	18.80
	0300	500	20.61
	1093	100	18.43
	2195	500	18.80

（1）按普通运价使用规则计算：

Volume：128cm × 42cm ×36cm ×4 = 774144cm^3

Volume Weight：774144 cm^3 ÷6000cm^3 /kg = 129.024kg ≈ 130.0kg

Gross Weight：47.8kg × 4 = 191.2 kg

Chargeable Weight：191.5 kg

分析：由于计费重量没有满足指定商品代码"0008"的最低重量要求300kg，因此只能先用普通货物来算。

Applicable Rate：GCR / Q45　28.13 CNY/kg

Weight Charge：191.5kg × 28.13 CNY/kg = 5386.895CNY ≈ 5386.90CNY

（2）按指定商品运价使用规则计算：

Actual Gross Weight：191.2 kg

Chargeable Weight：300.0 kg

Applicable Rate：SCR 0008/Q300 18.80CNY/kg

Weight Charge：300.0 kg ×18.80 CNY/kg = 5640.00CNY

对比（1）与（2），取运费较低者，最运费为5378.46CNY。

航空货运单运费计算栏填制见表4-18。

表4-18　航空货运单运费计算栏

No of Pieces Rcp	Gross Weight	kg/ lb	Rate Class		Chargeble Weight	Rate/ Charge	Total	Nature and Quantity of Goods（Incl Dimensions or Volume）
				Commodity Item No				
4	191.2	K	Q		191.5	28.13	5386.90	Fresh Orange 128cm × 42cm × 36cm × 4

四、指定商品运价的中间点规则（Unpublished Scr's/Intermediate Point Rule）

1.基本规则

尽管国际指定商品运价是在特定的点与点之间公布的，但同样适合（至或从）一个中间点或两个中间点之间。

指定商品运价的这一中间点规则亦称为非公布的指定商品运价，当货物运输的始发地至目的地之间无指定商品运价时，将其中一点或两点作为中间点，采用其他符合条件的两点间公布的指定商品运价，计算出至或从一个中间点或两个中间点间的航空运费。

2.适用条件

介于IATA的业务1区与3区之间（至或从西南太平洋和南亚次大陆始发除外）。

公布的指定商品运价在同时满足下列三个条件的情况下，同样适用于中间点。

（1）中间点必须和指定商品运价的公布地点在同一个国家内；

（2）自实际始发地和实际目的地的标准普通货物运价（Normal GCR）不高于指定商品运价公布地点间的N运价；

（3）中间点无指定商品运价。

> **注：**
>
> 我国能使用中间点规则的范围仅限于我国与IATA 1区之间。

五、指定商品运价的使用顺序

对于相同的航程，如果一种货物可同时按确指品名（More Specific Description）运价和泛指品名（Less Specific Description）运价计算运费时，如果货物的重量满足确指品名运价，则优先使用确指品名运价；如果货物的重量没有满足确指品名运价，则先用较低重量点的泛指品名运价，再与较高重量点的确指品名运价比较，取其低者。

例4-15

从Dubai（迪拜，阿联酋）运往Edinburgh（爱丁堡，英国），7 Pieces地毯（Carpet），共530.0kg，每件体积长宽高分别为81cm×72cm×63cm，计算航空运费。

公布的航空运价见表4-19。

表4-19　航空运价

Dubai UAE Dirham		AE AED	DXB KGS
Edinburgh	GB	M	190.00
		N	31.45
		45	23.75
		100	14.40
		500	11.53
	2199	250	10.55
	2199	500	9.05
	2865	500	10.00

解　查找 TACT Rates Books 的品名表，品名编号"2865"所对应的货物名称为"Carpet（地毯）"，因此品名编号"2865"就是确指品名，货物重量符合"2865"指定商品运价使用时的最低重量500kg的要求。

运费计算如下：

Volume：81cm × 72cm × 63cm × 7 = 2571912cm^3

Volume Weight：2571912cm^3 ÷ 6000cm^3/kg = 428.65kg ≈ 429.0 kg

Chargeable Weight：530.0kg

Applicable Rate：SCR 2865/Q500　10.00 AED/kg

Weight Charge：530.0kg × 10.00 AED/kg = 5300.00AED

航空货运单运费计算栏填制见表4-20。

表4-20　航空货运单运费计算栏

No of Pieces Rcp	Gross Weight	kg/ lb	Rate Class		Chargeble Weight	Rate/ Charge	Total	Nature and Quantity of Goods（Incl Dimensions or Volume）
				Commodity Item No				
7	530.0	K	C	2865	530.0	10.00	5300.00	Carpet Dims：81cm × 72cm × 63cm × 7

例4-16

从Dubai（迪拜，阿联酋）运往Edinburgh（爱丁堡，英国），4 Pieces 地毯（Carpet），共430.0kg，每件体积长宽高分别为 81cm × 72cm × 63cm，计算航空运费。

公布的航空运价见表4-21。

表4-21　航空运价

Dubai UAE Dirham		AE AED	DXB KGS
Edinburgh	GB	M	190.00
		N	31.45
		45	23.75
		100	14.40
		500	11.53
	2199	250	10.55
	2199	500	9.05
	2865	500	10.00

解　查找 TACT Rates Books 的品名表，品名编号"2865"虽对应的货物名称为"Carpet"，但货物重量没有满足"2865"指定商品运价使用时的最低重量500kg的要求；品名编号"2199"对应的货物名称为"Textiles（纺织品）"，因此"2199"属于泛指品名。

运费计算如下。

（1）泛指品名

Volume：81cm×72cm×63cm ×4 = 1469664cm^3

Volume Weight：1469664cm^3÷6000cm^3/kg = 244.94kg ≈ 245.0 kg

Chargeable Weight：430.0kg

Applicable Rate：SCR 2199/Q250　10.55 AED/kg

Weight Charge：430.0kg×10.55 AED/kg = 4536.50AED

（2）确指品名

Chargeable Weight：500.0kg

Applicable Rate：SCR 2865/Q500　10.00 AED/kg

Weight Charge：500.0kg×10.00 AED/kg = 5000.00AED

对比（1）与（2），取运费较低者，运费为4536.50AED。

航空货运单运费计算栏填制见表4-22。

表4-22　航空货运单运费计算栏

No of Pieces Rcp	Gross Weight	kg/ lb	Rate Class		Chargeble Weight	Rate/ Charge	Total	Nature and Quantity of Goods（Incl Dimensions or Volume）
				Commodity Item No				
4	430.0	K	C	2199	430.0	10.55	4536.50	Carpet DIMS：81cm×72cm×63cm ×4

第七节

等级货物运价

一、基本知识

1.基本概念

等级货物运价（Class rate）是指在规定的业务区内或业务区之间运输特别指定的等级货物的运价。

根据IATA规定，等级货物包括下列几种货物：

（1）活动物；

（2）贵重货物；

（3）书报杂志类货物；

（4）作为货物运输的行李；

（5）尸体、骨灰；

（6）汽车等。

2.使用规则

等级货物运价是在普通货物运价基础上附加或附减一定百分比的形式构成，附加或附减规则公布在 TACT Rules 中，运价的使用须结合 TACT Rates Books 一同使用。

通常附加的等级货物用代号"S"（Surcharged Class Rate，附加运价）表示。

附减的等级货物用代号"R"（Reduced Class Rate，附减运价）表示。

IATA 规定，对于等级货物运输，如果属于国际联运，并且参加联运的某一承运人对其承运的航段有特殊的等级货物百分比，即使运输起讫地点间有公布的直达运价，也不可以直接使用。此时，应采用分段相加的办法计算运输始发地至运输目的地的航空运费，此项规则在此将不详细说明。

以下所述的各种等级货物运价均为运输始发地至运输目的地之间有公布的直达运价，并且可以直接使用情况下的运价计算。

二、活动物运价

活动物（Live animals）运价参看 TACT Rules 3.7.2（表 4-23）。

活体动物运价由表 4-23 确定（不适用于 ECAA 国家之间）。

（1）当表中出现"Normal GCR"时，表示使用运价表中的 45kg 以下普通货物运价，即 N 运价（当不存在 45kg 重量点时，N 运价表示 100kg 以下普通货物运价），此时，运价的使用与货物的计费重量无关。

（2）当表中出现"Normal GCR"的百分比（例如，150% of Normal GCR）时，表示在运价表中 N 运价的基础上乘以这个百分比（例如，150% N）。此时，运价的使用与货物的计费重量无关。

（3）当表中出现"appl.GCR"时，表示使用运价表中适用的普货运价（N、Q45、Q100、Q300、Q500…）。此时，运价的使用与货物的计费重量有关。

（4）当表中出现"appl.GCR"的百分比（如：110% of appl.GCR）时，表示在所适用的普货运价基础上乘以百分比（例如，110% N、110% Q45kg、110% Q100kg、110% Q300kg、110% Q500kg…）。此时，运价的使用与货物的计费重量有关。

当始发地和目的地的等级运价百分比不同时，以始发地的百分比为准。

注：

动物的容器以及食物等应包含在活体动物的计费重量中。

表4-23 活动物运价

All Live Animals Except：Baby Poultry Less than 72 hours old	IATA Area（see Rule 1.2.2Definitions of Areas）					
	Within 1	Within 2（see also Rule 3.7.1.3）	Within 3	Between 1&2	Between 2&3	Between 3&1
	175% of Normal GCR	175% of Normal GCR	150% of Normal GCR Except：1 below	175% of Normal GCR	150% of Normal GCR Except：1 below	150% of Normal GCR Except：1 below
Baby Poultry Less than 72 hours old	Normal GCR	Normal GCR	Normal GCR Except：1 below	Normal GCR	Normal GCR Except：1 below	Normal GCR Except：1 below

例外情况如下：

① 西南太平洋分区以内和从西南太平洋分区始发，200%的适用的普通货物运价；

② 最低运费（Rules 3.7.2/2）（不包括ECAA国家之间），活体动物的最低运费为200%的最低运费。

例4-17

Routing：Stuttgart斯图加特，Germany德国（SRT）to Barcelona 巴塞罗那，Spain 西班牙（BCN）；

Commodity：狗（Live Dog）；

Gross Weight：40kg（Dog +Kennel）；

Dimension：90cm×50cm×68cm×1；

Payment：全部预付。

航空运价见表4-24。活动物运价见表4-25。

表4-24 航空运价

Stuttgart EURO	DE EUR	STR KGS
Barcelona ES	M	76.69
	N	5.47
	100	4.45
	300	3.86
	500	3.73

表4-25 活动物运价

	IATA AREA（see Rule 1.2.2 Definitions of Areas）					
All Live Animals Except：Baby Poultry Less than 72 hours old	Within 1	Within 2 （see also Rule 3.7.1.3）	Within 3	Between 1&2	Between 2&3	Between 3&1
	175% of Normal GCR	**175% of Normal GCR**	150% of Normal GCR Except：1 below	175% of Normal GCR	150% of Normal GCR Except：1 below	150% of Normal GCR Except：1 below

运费计算如下：

IATA 2区之内运输一般活体动物，运价为175% N。

Volume：90cm × 50cm × 68cm/6000kg/cm³ = 51kg

Gross Weight：40 kg

Chargeable Weight：51kg

Applicable Rate：175% N = 175% × 5.47EUR/kg = 9.5725EUR/kg ≈ 9.57EUR/kg（欧元取舍单位为0.01）

Weight Charge：51kg × 9.57EUR/kg = 488.07EUR

航空货运单运费计算栏填制见表4-26。

表4-26 航空货运单运费计算栏

No of Pieces Rcp	Gross Weight	kg/ lb	Rate Class / Commodity Item No	Chargeble Weight	Rate/ Charge	Total	Nature and Quantity of Goods （Incl Dimensions or Volume）
1	40.0	K	S N175	51.0	9.57	488.07	DOG DIMS：90cm × 50cm × 68cm × 1 Live Animal

注：1.运价类别栏：填入活体动物运价代号"S"。

2.货物品名及数量栏：填入活体动物运价"N175"，表示使用了175%的N运价。

3.运价/运费栏：填写按照活体动物规则计算出的运价"9.57"。

4.货物品名和数量栏：要求有"活动物 Live Animal"字样。

5.货币（Currency）栏：填写运价表中的当地货币代码"EUR"。

6.付款方式栏：均在PP上打"×"表示全部预付。

 例4-18

Routing：Melbourne墨尔本，VI Australia澳大利亚（MEL）to Beijing,China（BJS）；

Commodity：Kangaroo（袋鼠）；

Gross Weight：330kg；

Dimension：100cm×80cm×60cm×6；

Payment：全部预付。

航空运价见表4-27。活动物运价见表4-28。

表4-27　航空运价

Melbourne	VI	AU AUD	MEL KGS
Beijng	CN		
		M	65.00
		N	9.75
		45	7.30
		100	5.35
		250	3.40

表4-28　活动物运价

All Live Animals Except：Baby poultry Less than 72 hours old	IATA AREA（see Rule 1.2.2 Definitions of Areas）					
	Within 1	Within 2（see also Rule 3.7.1.3）	Within 3	Between 1&2	Between 2&3	Between 3&1
	175% of Normal GCR	175% of Normal GCR	**150% of Normal GCR**	175% of Normal GCR	150% of Normal GCR	150% of Normal GCR
			Except：1 below		Except：1 below	Except：1 below

运费计算如下：

IATA 3区之内运输一般动物，运价：150% N 不属于例外1。

Volume weight：100×80×60×6/6000 = 480kg

Gross weight：330kg

Chargeable weight：480kg

Applicable Rate：150%N = 150%×9.75 = 14.625 AUD = 14.63 AUD（0.01进位）

Weight Charge：480×14.63 = 7022.40AUD

航空货运单运费计算栏见表4-29。

表4-29　航空货运单运费计算栏

No of Pieces RCP	Gross Weight	kg lb	Rate Class		Currency AUD	CHGS Code	WT/VAL		Other	
							PPD ×	COLL	PPD ×	COLL
					Chargeable Weight	Rate Charge	Total		Nature and Quantity of Goods（Incl.Dimensions or Volume）	
			Commodity Item No							
6	330	K	S	N150	480	14.63	7022.40		Kangaroo DIMS：90cm × 50cm × 68cm × 1 Live Animal	

注：1.品名代号栏：填写所使用的规则"N150"表示使用N运价的150%。
　　2.货物品名及数量栏：填写"活体动物（Live Animal）"字样。

 例4-19

Routing：Brussels布鲁塞尔，Belgium比利时（BRU）to Sharjah沙迦，United Arab Emirates阿拉伯联合酋长国（SHJ）；

Commodity：出生不到72h的家禽（Baby poultry less than 72 hours）；

Gross Weight：70kg；

Dimension：100cm×60cm×20cm×10；

Payment：全部预付。

航空运价表和活动物运价表见表4-30和表4-31。

表4-30　航空运价

Brussels	BE EURO		BRU KGS
	EUR		
Sharjah	AE	M	61.9
		N	11.58
		45	8.75
		100	3.92
		500	2.88
		1000	2.45

表4-31 活动物运价

All Live Animals Except: Baby Poultry Less than 72 hours old	IATA AREA (see Rule 1.2.2 Definitions of areas)					
	Within 1	Within 2 (see also Rule 3.7.1.3)	Within 3	Between1&2	Between2&3	Between3&1
	175% of Normal GCR	175% of Normal GCR	150% of Normal GCR Except: 1 below	175% of Normal GCR	150% of Normal GCR Except: 1 below	150% of Normal GCR Except: 1 below
Baby Poultry Less than 72 hours old	Normal GCR	**Normal GCR**	Normal GCR Except: 1 below	Normal GCR	Normal GCR Except: 1 below	Normal GCR Except: 1 below

运费计算如下：

IATA 2区内运输72h以内家禽，运价为N（Normal GCR）。

Volume Weight：100cm × 60cm × 20cm × 10 ÷ 6000kg/cm^3 = 200kg

Gross Weight：70kg

Chargeable Weight：200kg

Applicable Rate：Normal GCR = 11.58EUR/kg

Weight Charge：200kg × 11.58EUR/kg = 2316.00 EUR

航空货运单运费计算栏见表4-32。

表4-32 航空货运单运费计算栏

No of Pieces RCP	Gross Weight	kg/ lb	Rate Class	Currency EUR	CHGS Code	WT/VAL		Other	
						PPD ×	COLL	PPD ×	COLL
				Chargeable Weight	Rate/ Charge	Total		Nature and Quantity of Goods (Incl.Dimensions or Volume)	
			Commodity Item No						
10	70	K	S	N100	200	11.58	2316.00		Baby Poultry Less Than 72 Hours DIMS: 100cm × 60cm × 20cm × 10 Live Animal

注：1.品名代号栏：填写所使用的规则"N100"，表示使用100%的N运价。

2.货物品名及数量栏：填写"活体动物（Live Animal）"字样。

Routing：Mexico City墨西哥城，Mexico墨西哥（MEX）-Rome罗马，Italy意大利（ROM）；

Commodity：一日龄鸡（Day old chicks）；（Baby poultry less than 72 hours）；

Gross Weight：72kg；

Dimension：50cm×18cm×20cm×30；

Payment：全部预付；

IATA1区与2区之间运输Baby poultry；

运价为N，不属于例外1。

航空运价和活动物运价见表4-33和表4-34。

表4-33　航空运价

Mexico City		MX USD	MEX KGS
Rome	IT	M	100.00
		N	11.93
		45	10.01
		100	7.68
		300	6.02
		500	4.93

表4-34　活动物运价

	IATA Area（see Rule 1.2.2 Definitions of areas）					
All Live Animals Except： Baby poultry Less than 72 hours old	Within 1	Within 2 （see also Rule 3.7.1.3）	Within 3	Between 1&2	Between 2&3	Between 3&1
	175% of Normal GCR	175% of Normal GCR	150% of Normal GCR Except： 1 below	175% of Normal GCR	150% of Normal GCR Except： 1 below	150% of Normal GCR Except： 1 below
Baby Poultry Less than 72 hours old	Normal GCR	Normal GCR	Normal GCR Except： 1 below	**Normal GCR**	Normal GCR Except： 1 below	Normal GCR Except： 1 below

运费计算如下：

Volume Weight：50cm×18cm×20cm×30÷6000kg/cm³ = 90kg

Gross Weight：72kg

Chargeable Weight：90kg

Applicable Rate：N = 11.93USD/kg

Weight Charge：90kg×11.93 USD/kg = 1073.70USD

航空货运单运费计算栏见表4-35。

表4-35　航空货运单运费计算栏

No of Pieces RCP	Gross Weight	kg/lb	Rate Class		Chargeable Weight	Rate/Charge	Total			Nature and Quantity of Goods（Incl.Dimensions or Volume）
					Currency USD	CHGS Code	WT/VAL		Other	
							PPD ×	COLL	PPD ×	COLL
				Commodity Item No						
30	72	K	S	N100	90	11.93	1073.70			Day Old Chicks DIMS： 50cm × 18cm × 20cm × 30 Live Animal

例4-21

Routing：Shanghai，China（SHA）to Tokyo，Japan（TYO）；

Commodity：鹦鹉（Parrots）；

Gross Weight：3kg；

Dimension：40cm×30cm×30cm×1；

Payment：全部预付。

IATA 3区以内运输一般动物，运价为150%N。

航空运价和活动物运价见表4-36和表4-37。

表4-36　航空运价

Shanghai Y.Renminbi	CN CNY		SHA KGS
TOKYO	JP	M	230.00
		N	30.22
		45	22.71
	0008	300	18.80
	0300	500	20.61
	1093	100	14.72
	2195	500	18.80

表4-37 活动物运价

All Live Animals Except: Baby Poultry Less than 72 hours old	IATA Area（see Rule 1.2.2 Definitions of areas）					
	Within 1	Within 2（see also Rule 3.7.1.3）	Within 3	Between 1&2	Between 2&3	Between 3&1
	175% of Normal GCR	175% of Normal GCR	**150% of Normal GCR** Except: 1 below	175% of Normal GCR	150% of Normal GCR Except: 1 below	150% of Normal GCR Except: 1 below

运费计算如下：

Volume Weight：40cm × 30cm × 30cm ÷ 6000kg/cm^3 = 6kg

Chargeable Weight：6kg

Applicable Rate：150%N = 150% × 30.22CNY = 45.33CNY

Weight Charge：6 × 45.33CNY = 271.98CNY

Minimum Charge：200%M = 200% × 230.00CNY = 460.00CNY

航空货运单运费计算栏见表4-38。

表4-38 航空货运单运费计算栏

No of Pieces RCP	Gross Weight	kg/lb		Rate Class	Chargeable Weight	Rate/Charge	Total	Nature and Quantity of Goods（Incl.Dimensions or Volume）
				Commodity Item No				
1	3	K	S	M200	6	460.00	460.00	Parrots DIMS： 40cm × 30cm × 30cm × 1 Live Animal

三、贵重货物运价（Valuable Cargo）

1.运价

Area	Rate
All IATA areas	200% of the Normal GCR

例外：IATA 1区与3区之间且经北或中太平洋（除朝鲜半岛至美国本—各点外），1000kg或1000kg以上贵重货物的运费，按普通货物45kg以下运价150%收取（150% of the Normal GCR）。

2.最低运费

贵重货物的最低运费按公布最低运费的200%收取，同时不低于50美元或等值货币。

3. 运费计算

例4-22

Routing：Beijing，China（BJS）to Boston，U.S.A（BOS）；

Commodity：Gold Watch；

Gross Weight：32.0kg；

Dimension：1 Pieces，61cm×51cm×42cm。

航空运价见表4-39。

表4-39　航空运价

Beijing Y.Renminbi	CN CNY	BJS KGS
Boston　US	M	420.00
	N	79.97
	45	60.16
	100	53.19
	300	45.80

运费计算如下：

Volume：61cm×51cm×42cm = 130662cm^3

Volume Weight：130662cm^3÷6000cm^3/kg = 21.78kg ≈ 22.0kg

Chargeable Weight：32.0kg

Applicable Rate：S 200% of the Normal GCR，200%×79.97CNY/kg = 154.94CNY/kg

Weight Charge：32.0kg×154.94CNY/kg = 4958.08 CNY

因此，运费为4958.08CNY。

航空货运单运费计算栏填制见表4-40。

表4-40　航空货运单运费计算栏

No of Pieces RCP	Gross Weight	kg/ lb		Rate Class	Chargeable Weight	Rate/ Charge	Total	Nature and Quantity of Goods（Incl.Dimensions or Volume）
				Commodity Item No				
1	32.0	K	S	N200	32.0	154.94	4958.08	Gold Watch DIMS： 61cm×51cm×42cm Valuable Cargo

四、书报、杂志运价

1. 货物的范围

书报、杂志包括报纸、杂志、期刊、图书、目录、盲人读物及有声设备（Newspaper, Magazines, Periodicals, Books, Catalogues, Braille Type equipment and talking books for the blind）。

2. 运价

Area	Rate
With in IATA1	
With in Europe	67% of the Normal GCR
Between IATA area 1 and 2	
All Other Areas	50% of the Normal GCR

3. 最低运费

按公布的最低运费的M收取。

4. 可以使用普通货物的较高重量点的较低运价。

5. 运费计算

例4-23

Routing：Beijing, China（BJS）to London, United Kingdom（LON）；

Commodity：Books；

Gross Weight：980.0kg；

Dimension：20 Pieces, 70cm×50cm×40cm each。

公布的航空运价见表4-41。

表4-41　航空运价

Beijing Y.Renminbi	CN CNY	BJS KGS
London GB	M	320.00
	N	63.19
	45	45.22
	100	41.22
	500	33.42
	1000	30.71

运费计算如下：

（1）按等级运价附减来计算

Volume：70cm×50cm×40cm×20 = 2800000cm³

Volume Weight：2800000cm³÷6000cm³/kg = 466.67kg ≈ 467.0kg

Chargeable Weight：980.0kg

Applicable Rate：R　50% of the Normal GCR，50%×63.19CNY/kg = 31.595CNY/kg ≈ 31.60CNY/kg

Weight Charge：980.0kg×31.60CNY/kg = 30968.00CNY

（2）由于计费重量已经接近下一个较高重量点1000kg，因此用较高重量点的较低运价。

Chargeable Weight：1000.0kg

Weight Charge：1000.0kg×30.71 CNY/kg = 30710.00CNY

因此，运费为30710.00CNY。

航空货运单运费计算栏填制见表4-42。

表4-42　航空货运单运费计算栏

No of Pieces RCP	Gross Weight	kg lb	Rate Class		Chargeable Weight	Rate Charge	Total	Nature and Quantity of Goods（Incl Dimensions or Volume）
			Commodity Item No					
20	980.0	K	Q		1000.0	30.71	30710.0	Books DIMS：70cm×50cm×40cm×20

五、作为货物运输的行李运价（Baggage Shipped as Cargo）

1.运价

Area	Rate
All IATA areas	50% of the Normal GCR

2.运价的使用范围

（1）在IATA业务2区内（全部航程为欧洲分区例外）。

（2）在IATA业务3区内（至或从美国领地除外）。

（3）在IATA业务2区与3区之间（至或从美国领地除外）。

（4）在IATA业务1区与2区之间（至或从美国、美国领地至或从格陵兰岛例外）。

由此项规则可见，中国至1区运输的此类货物，不属于该等级货物的范畴，不能使用上述等级折扣运价，应采用普通货物运价或指定商品运价。

3.最低运费

以10kg为最低的计费重量与适用运价计算的运费与公布的最低运费M比较，取高者。

4.可以使用普通货物较高重量点的较低运价。

5.运费计算

例4-24

Routing：Beijing，China（BJS）to Tokyo，Japan（TYO）；

Commodity：Personal Effects；

Gross Weight：25.0kg；

Dimension：1 Piece，70cm×47cm×35cm。

公布的航空运价见表4-43。

表4-43　航空运价

Beijing Y.Renminbi	CN CNY	BJS KGS
Tokyo JP	M	230.00
	N	37.51
	45	28.13

运费计算如下：

Volume：70cm × 47cm × 35cm = 115150cm^3

Volume Weight：115150cm^3 ÷ 6000cm^3/kg = 19.19kg ≈ 19.5kg

Chargeable Weight：25.0kg

Applicable Rate：R　50% of the Normal GCR,50% × 37.51CNY/kg = 18.755CNY/kg = 18.76CNY/kg

Weight Charge：25.0kg × 18.76CNY/kg = 469.00 CNY

因此，运费为469.00CNY。

航空货运单运费计算栏填制见表4-44。

表4-44　航空货运单运费计算栏

No of Pieces RCP	Gross Weight	kg/lb	Rate Class		Chargeable Weight	Rate/Charge	Total	Nature and Quantity of Goods（Incl Dimensions or Volume）
				Commodity Item No				
1	25.0	K	R	N50	25.0	18.76	469.00	Personal Effects DIMS： 70cm × 50cm × 40cm

六、尸体、骨灰运价

1.运价

Area	Ashes	Coffin
All IATA Areas	Applicable GCR	Normal GCR
Within IATA Area 2	300% of Normal GCR	200% of the Normal GCR

2.尸体、骨灰的最低运费按公布最低运费的M收取，但在2区内最低运费为200%的M，同时不低于65美元或等值货币。

3.运费计算

例4-25

Routing：Beijing，China（BJS）to Tokyo，Japan（TYO）；

Commodity：Coffin；

Gross Weight：215.0kg；

Dimension：1 Piece，230cm×70cm×50cm。

公布的航空运价见表4-45。

表4-45 航空运价

Beijing Y.Renminbi	CN CNY	BJS KGS
Tokyo JP	M	230.00
	N	37.51
	45	28.13

运费计算如下：

Volume：230cm×70cm×50cm = 80500cm^3

Volume Weight：80500cm^3÷6000cm^3/kg = 134.17kg ≈ 134.5kg

Chargeable Weight：215.0kg

Applicable Rate：S 100% of the Normal GCR，100%×37.51CNY/kg = 37.51CNY/kg

Weight Charge：215.0kg×37.51CNY/kg = 8064.65CNY

因此，运费为8064.65CNY。

航空货运单运费计算栏填制见表4-46。

表4-46 航空货运单运费计算栏

No of Pieces RCP	Gross Weight	kg/lb	Rate Class	Commodity Item No	Chargeable Weight	Rate/Charge	Total	Nature and Quantity of Goods（Incl Dimensions or Volume）
1	215.0	K	S	N100	215.0	37.51	8064.65	Huaman Remains DIMS：230cm×70cm×50cm

七、运价的使用顺序

1.如果有协议运价，则优先使用协议运价。

2.在相同运价种类、相同航程、相同承运人条件下，公布直达运价应按下列顺序使用：

（1）优先使用指定商品运价，如果指定商品运价条件不完全满足，则可以使用等级货物运价和普通货物运价。

（2）其次使用等级货物运价，等级货物运价优先于普通货物运价使用。

——如果货物可以按指定商品运价计费，但如果因其重量没满足指定商品运价的最低重量要求，则用指定商品运价计算，可以采用与普通货物运价计算结果相比较，取低者。如果该指定商品同时又属于附加的等级货物，则只允许采用附加的等级货物运价和指定商品运价的计费结果比较，取低者，不能与普通货物运价比较。

　　——如果货物属于附减的等级货物，即书报杂志类、作为货物运输的行李，其等级货物计算则可以与普通货物运价计算的运费相比较，取低者。

　　（3）如果当运输两点间无公布直达运价，则应使用非公布直达运价。

　　3. 优先使用比例运价构成全程直达运价。

　　4. 当两点间无比例运价时，使用分段相加办法组成全程最低运价。

例4-26

Routing：Beijing，China（BJS）to Osaka，Japan（OSA）；

Commodity：Worms（蠕虫）；

Gross Weight：45.0kg；

Dimension：1 Pieces，70cm×47cm×35cm。

公布的航空运价见表4-47。

表4-47　航空运价

Beijing Y.Renminbi	CN CNY		BJS KGS
Tykyo	JP	M	230.00
		N	37.51
		45	28.13
	0008	300	18.80
	0300	500	20.16
	1093	100	18.43
	2195	500	18.80

　　解　因为蠕虫既可以使用指定商品定价，代号"1093"，同时又可以使用活动物运价，属于冷血动物，因此需要通过计算比较，取低者。

　　运费计算如下。

　　（1）等级货物运价

Volume：70cm×47cm×35 = 115150cm^3

Volume Weight：115150cm^3÷6000cm^3/kg = 19.19kg ≈ 19.5kg

Chargeable Weight：45.0kg

Applicable Rate：S　100% of the Normal GCR，100%×37.51CNY/kg = 37.51CNY/kg

Weight Charge：45.0kg×37.51CNY/kg = 1687.95CNY

　　（2）指定商品定价

Chargeable Weight：100.0kg

Applicable Rate：C 1093/Q100　18.43CNY/kg

Weight Charge：100.0kg×18.43CNY/kg = 1843.00CNY

比较等级货物运价和指定商品运价计算出来的运费，取低者。

因此，运费为1687.95CNY。

航空货运单运费计算栏填制见表4-48。

表4-48　航空货运单运费计算栏

No of Pieces RCP	Gross Weight	kg/lb	Rate Class		Chargeable Weight	Rate/Charge	Total	Nature and Quantity of Goods（Incl Dimensions or Volume）
				Commodity Item No				
1	45.0	K	S	N100	45.0	37.51	1687.95	Live Worms DIMS：70cm×50cm×40cm

第八节
混运货物运价

一、混运货物的定义

混运货物是指使用同一份货运单运输的货物中，包含有不同运价、不同运输条件的货物。

二、混运货物的要求

混运货物中不得包括下列物品：

① TACT Rules 3.7.6中规定的任何贵重货物；

② 活动物；

③ 尸体、骨灰；

④ 外交信袋；

⑤ 作为货物运送的行李；

⑥ 机动车辆（电力自动车辆除外）。

三、申报方式与计算规则

（1）申报整批货物的总重量（或体积）。

计算规则：混运货物被视为一种货物，将其总重量确定为一个计费重量，运价采用适用的普通货物运价。

（2）分别申报每一种类货物的件数、重量、体积及货物品名。

计算规则：按不同种类货物适用的运价与其相应的计费重量分别计算运费。

> **注：**
>
> 如果混运货物使用一个外包装将所有货物合并运输，则该包装物的运费按混运货物中运价最高的货物的运价计收。

四、声明价值

混运货物只能按整票（整批）货物办理声明价值，不得办理部分货物的声明价值，或办理两种以上的声明价值，所以，混运货物声明价值费的计算应按整票货物总的毛重。

五、最低运费

混运货物的最低运费，按整票货物计收，即无论是分别申报或非分别申报的混运货物，按其运费计算方法计得的运费与起止地点间的最低收费标准比较，取高者。

六、运费计算

例4-27

Routing：Beijing，China（BJS）to Osaka，Japan（OSA）；

Commodity：Books and handicraft（手工艺品）and Apple（fresh）；

Gross Weight：100.0kg and 42.0kg and 80.0kg；

Dimension：4 Pieces，70cm×47cm×35cm and 1 Piece，100cm×60cm×42cm and 2 Pieces，90cm×70cm×32cm。

这是一票混运货物，先把这票货物作为一个整体计算运费；再按分别申报计算运费，两者比较，取低者。

运费计算如下。

1.总体申报

公布的航空运价见表4-49。

表4-49　航空运价

Beijing Y.Renminbi		CN CNY	BJS KGS
Osaka	JP	M	230.00
		N	37.51
		45	28.13
	0008	300	18.80
	0300	500	20.16
	1093	100	18.43
	2195	500	18.80

Total Gross Weight：100.0kg + 42.0kg + 80.0kg = 222kg

Volume：70cm×47cm×35cm×4 = 460600cm^3；100cm×60cm×42cm = 252000cm^3；90cm×70cm×32cm×2 = 403200cm^3；460600cm^3 + 252000cm^3 + 403200cm^3 = 1115800cm^3

Volume Weight：1115800cm^3÷6000cm^3/kg = 185.97kg ≈ 186.0kg

Chargeable Weight：222.0kg

Applicable Rate：GCR　Q　28.13CNY/kg

Weight Charge：222.0kg×28.13CNY/kg = 6244.86CNY

2.分别申报

（1）书（Books）

Volume：70cm×47cm×35cm×4 = 460600cm^3

Volume Weight：460600cm^3÷6000cm^3/kg = 76.77kg ≈ 77.0kg

Chargeable Weight：100.0kg

Applicable Rate：R　50% of normal GCR，50%×37.51CNY/kg = 18.755CNY/kg = 18.76CNY/kg

Weight Charge：100.0kg×18.76CNY/kg = 1876.00CNY/kg

（2）手工艺品（Handicraft）

Volume：100cm×60cm×42cm = 252000cm^3

Volume Weight：252000cm^3÷6000cm^3/kg = 42.0kg

Chargeable Weight：42.0kg

Applicable Rate：GCR　N　37.51CNY/kg

Weight Charge：42.0kg×37.51CNY/kg = 1575.42CNY

较高重量点的较低运价：45.0kg×28.13CNY/kg = 1265.85CNY

（3）苹果（新鲜）[Apple（Fresh）]

Volume：90cm×70cm×32cm×2 = 403200cm^3

Volume Weight：403200cm^3÷6000cm^3/kg = 67.2kg ≈ 67.5kg

Chargeable Weight：80.0kg

Applicable Rate：GCR　Q　28.13CNY/kg

Weight Charge：80.0kg×28.13CNY/kg = 2250.40CNY

三种运费相加：1876.00CNY + 1265.85CNY + 2250.40CNY = 5392.25CNY

总体申报计算的运费为6244.86CNY，分别申报的运费为5392.25CNY，取低者。因此，运费为5392.25CNY。

航空货运单运费计算栏填制见表4-50。

表4-50　航空货运单运费计算栏

No of Pieces RCP	Gross Weight	kg/ lb	Rate Class		Chargeable Weight	Rate/ Charge	Total	Nature and Quantity of Goods（Incl Dimensions or Volume）
			Commodity Item No					
4	100.0	K	R	N50	100.0	18.76	1876.00	Books
1	42		Q		45.0	28.13	1265.85	Handicraft
2	80		C		80.0	28.13	2250.40	Apple（Fresh）
7	222						5392.25	

第九节
国际货物运输的其他费用

国际航空货物运输中，航空运费是指自运输始发地至运输目的地之间的航空运输费用，在实际工作中，对于航空公司或其代理人将收运的货物自始发地（或从托运人手中）运至目的地（或提取货物后交给提货人）整个运输组织过程中，除发生航空运费外，在运输始发站、中转站、目的站经常发生与航空运输有关的其他费用。

一、货运单费

货运单费（Documentation Charges）又称为航空货运单工本费，此项费用为填制航空货运单之费用，航空公司或其代理人销售或填制货运单时，该费用包括逐项逐笔填制货运单的成本。对于航空公司货运单工本费，各国的收费水平不尽相同，依TACT Rules 4.4及各航空公司的具体规定来操作，货运单费应填制在货运单的"其他费用"一栏中，用二字代码"AW"（Air Waybill fee）表示，按国际航协规定：

①航空货运单若由航空公司来销售或填制，则表示为AWC，表示此项费用归出票航空公司（Issuing Carrier）所有；

②如果货运单由航空公司的代理人销售或填制，则表示为AWA，表示此项费用归销售代理

人所有。

中国民航各航空公司一般规定：无论货运单是航空公司销售还是代理人销售，填制货运单时，货运单中"OTHER CHARGES"一栏中用AWC表示，意为此项费用归出票航空公司所有。

例如，某航空公司销售货运单，如果货运单费收费标准50.00CNY，则货运单其他费用栏填制如下：

```
OTRER CHARGES
AWC50.00
```

二、垫付款和垫付费

1.垫付款

（1）垫付款（Disbursements）是指在始发地机场运输一票货物时发生的部分其他费用，这部分费用仅限于货物地面运输费、清关处理费和货运单工本费。

此项费用需按不同其他费用的种类代号、费用归属代号（A或C）及费用金额一并填入货运单的"其他费用"一栏，例如：

① "AWA"表示代理人填制的货运单；

② "CHA"表示代理人代替办理始发地清关业务；

③ "SUA"表示代理人将货物运输到始发地机场的地面运输费。

（2）限制条件

① 垫付款仅适用于货物费用及其他费用到付（Charges Collect），且按TACT Rules 7.2规定，目的地国家可接收的货物。

② 垫付款业务在有些国家不办理，操作时应严格按照TACT Rules 4.2规定。

③ 垫付款由最后一个承运人（Last Carrier）向提货人收取，按国际货物运费到付结算规则，通过出票航空公司开账结算，付给支付垫付款的代理人或出票航空公司。

2.垫付款数额

① 在任何情况下，垫付款数额（Disbursement Amounts）不能超过货运单上全部航空运费总额。

② 但当货运单的航空运费总额低于100美元时，垫付款金额可允许达到100美元标准。

3.垫付费

垫付费（Disbursements Fees）是对于垫付款的数额而确定的费用。垫付费的费用代码为"DB"，按TACT规则规定，该费用归出票航空公司所有。在货运单的"其他费用"栏中，此项费用应表示为"DBC"。

垫付费＝垫付款×10%，但每一票货物的垫付费不得低于20美元或等值货币。

TACT规则中规定，对于一些固定美元值的货币换算，某些国家公布有固定的货币换算值。如在瑞士，20USD＝45.00CHF，对于TACT规则中没有公布货币固定换算值的国家，其货币换算采用比例运价兑换率（Construction Exchange Rate）。

三、危险品处理费

国际航空货物运输中，对于收运的危险品货物，除按危险品规则收运并收取航空运费外，还应收取危险货物收运手续费，该费用必须填制在货运单"其他费用"栏内，用"RA"表示费用种类，TACT规则规定，危险品处理费（Charges For Shipments of Dangerous Goods-Handling）归出票航空公司所有。在货运单中，危险品处理费为"RAC"。

自中国至IATA业务1区、2区、3区，每票货物的最低收费标准均为400.00人民币。

四、运费到付货物手续费

国际货物运输中，当货物的航空运费及其他费用到付时，在目的地的收货人，除支付货物的航空运费和其他费用外，还应支付到付货物手续费（Charges Collect Fee，又称CC Fee）。此项费用由最后一个承运航空公司收取，并归其所有。一般到付手续费的收取，采用目的站开具专门发票，但也可以使用货运单（此种情况在交付航空公司无专门发票，并将AWB作为发票使用时使用）。

对于运至中国的运费到付货物，到付运费手续费的计算公式及标准如下：

到付运费手续费 =（货物的航空运费 + 声明价值附加费）× 2%

各个国家CC Fee的收费标准不同，在中国，CC Fee最低收费标准为100.00人民币。

❓ 练习思考题

1. 什么是货物的计费重量？哪些重量可以是货物的计费重量？

2. 什么是轻泡货物？体积重量是如何计算出来的？

3. 什么是运价、运费和最低运费？

4. 从中国出发的运价、运费是如何进位的？最低运费又是如何进位的？

5. 何谓声明价值费？如何收取？

6. 公布运价分为哪几类？使用顺序是什么？

7. 下列代号表示什么意思？

M，N，Q，C，S，R

8. 什么是指定商品运价？它分为哪几大类？

9. 什么是等级运价？共有几种等级运价？

10. 什么是混运货物？哪些货物不可以混运？

11. 计算题：

（1）计算下列货物的体积重量和计费重量

件数	每件尺寸	总毛重	体积重量	计费重量
① 3个纸箱	22in×16in×45in	325lb	_____lb	_____lb
② 4个圆桶	直径17in	128lb		
	高22in		_____lb	_____lb
③ 4个纸箱	54cm×42cm×28cm	38kg	_____kg	_____kg

④ 2个圆桶　　　直径60cm　　　　　　　356kg
　　　　　　　　高120cm

　　3个板条箱　162cm×86cm×49cm　213.2kg

　　5个纸箱　　66cm×53cm×49cm　94.7kg　　　_____kg　　　_____kg

（2）航线：Brussels to Singapore

货物：Piglets（小猪）

毛重：380kg

尺寸：100cm×80cm×80cm×4

Date/ note	item		min wght	local curr
Type				
BRUSSELS		**BE**		**BRU**
EURO		EUR		KGS
SINGAPORE	**SG**	M	66.93	
		N	7.76	
		100	3.64	
		300	3.37	
		500	2.93	

（3）航线：Geneva，Switzerland to Kuwait

货物：Gold Watches（金表）

毛重：32.6kg

尺寸：30cm×30cm×30cm×2

Date/ note	item		min wght	local curr
Type				
GENEVA		**CH**		**GVA**
SWISSFRANC		CHF		KGS
KUWAIT	**KW**	M	120.00	
		N	10.65	
		45	8.40	
		100	5.35	
		500	4.05	
		1000	3.80	

（4）航线：Beijing to Manchester，UK

货物：Funeral　urn（骨灰）

毛重：4kg

尺寸：20cm×18cm×14cm×1

Date/ note	item		min wght	local curr
Type				
BEIJING		**CN**		**BJS**
Y．RENMINBI		CNY		KGS
MANCHESTER	**GB**	M	320.00	
		N	53.57	
		45	43.82	
		300	3.98	

第五章

特种货物运输

学习目标

1. 了解特种货物的种类。
2. 掌握如何处理每一类特种货物。

特种货物是指由于货物本身的特殊性质、价值、重量和体积而在储存、装载等过程中需要特殊操作的货物。

由于运输此类货物利润空间比普通货物要大，因此愈来愈受到航空公司、代理公司的重视。同时由于运输特种货物操作难度大，容易出现问题，因此运输特种货物除按一般运输规定外，还应严格遵守每一类特种货物的特殊规定。

通常需要查阅有关国家的规定（IATA Rules 7.3）和有关承运人的特殊规定（IATA Rules 8.3）。

特种货物分为如下几类：

① 危险货物；　　　　　　　　　⑥ 尸体、骨灰；

② 活体动物；　　　　　　　　　⑦ 作为货物运送的行李（无人陪伴行李）；

③ 贵重货物；　　　　　　　　　⑧ 强刺激味货物；

④ 鲜活易腐货物；　　　　　　　⑨ 超大超重货物；

⑤ 湿货；　　　　　　　　　　　⑩ 武器、弹药和战争物资。

第一节

危险货物

危险货物是指对健康、安全、财产或环境构成严重危害的物品或物质，并在ICAO《安全品安全运输技术细则》的危险品表列出并进行分类的。

IATA《危险货物运输规则》基于国际民用航空运输的《芝加哥公约》附件18，它包含附件18的所有要求和国际民航组织最新技术方面的指示。

《危险货物运输规则》普遍适用于国际航协会员航空公司及他们的代理人。

一、危险货物分类

危险货物按其主要特征分为九大类。

第一类　爆炸品（Explosive）；

第二类　气体（Gas）；

第三类　易燃液体（Flammable Liquids）；

第四类　易燃固体，自燃物质，遇水容易释放易燃气体的物质（Flammable Solids，Substance Liable to Spontaneous Combustion，Substances Which on Contact Water，Emit Flammable Gases）；

第五类　氧化剂和有机过氧化物（Oxidizing Substances and Organic Peroxides）；

第六类　有毒物质和有传染性的物质[Poisonous（Toxic）and Infections Substances]；

第七类　放射性物质（Radioactive Material）；

第八类　腐蚀品（Corrosives）；

第九类　杂项类危险品（Miscellaneous Dangerous Goods）。

二、隐含的危险品

有些货物，名称上虽不像是危险品，但实际上是危险品，如电器开关，可能含有水银；玩具，可能是易燃的材料所制。以下所列是常见的可能隐含危险品的物质。

呼吸器（Breathing Apparatus）：可能有压缩气体和氧气罐；

公牛的精液（Bull Semen）：会使用干冰或冷冻的液化气体；

野营用具（Camping Gear）：可能会含有易燃气体、易燃液体、火柴和其他危险品；

化学品（Chemicals）：经常是危险品；

低温液体[Cryogenic（Liquid）]：表示温度非常低的液体、气体，例如，氩气、氦气、氖气、氮气；

钢瓶（Cylinders）：可能含有压缩气体；

牙科器械（Dental Apparatus）：可能含有有害的物质，例如，树脂和凝固剂；

诊断用标本（Diagnostic Specimens）：可能含有传染性物质；

潜水设备（Diving Equipment）：可能含有高强度的灯泡，在空气中使用时，会发出高热，因此应将灯泡和电池拆卸后才可安全运输；

钻探采矿设备（Drilling And Mining Equipment）：可能含有爆炸品和其他危险品；

电子设备（Electrical Equipment）：在电动设备的电子管和开关中可能含有磁性物质和水银；

电力驱动的设备（Electrically Powered Apparatus）：轮椅、割草机、高尔夫拖车等，可能会装有湿电池；

探险设备（Expeditionary Equipment）：可能会含有爆炸品、易燃液体、易燃气体和其他危险品；

冷冻胚胎（Frozen Embryos）：可能含有液氮；

冷冻的水果和蔬菜等（Frozen Fruit，Vegetables etc）：包装内可能含有干冰；

家用物品（Household Goods）：可能含有有害物质，例如，油漆、气溶胶、漂白粉等；

仪器（Instruments）：可能含有压力计、气压计、水银开关、温度计等；

实验器材（Laboratory/Testiing Equipment）：可能含有危险的化学物质；

机器零件（Machinery Parts）：可能含有危险品，例如，黏合剂、油漆、封胶、胶溶剂等；

医疗用品（Medical Supplies）：可能含有危险的化学物品；

汽车零件（Parts of Automobile）：如汽车、摩托车、马达等，可能含有湿电池；

旅客的行李（Passengers Baggage）：可能会含有易燃、易腐蚀的物品或打火机的储气罐，还可能有野营用的钢瓶、火柴、漂白粉、气溶胶等；

药物（Pharmaceuticals）：可能单独立项或列入"泛指名称"项下的含危险品的化学物品；

摄影器材（Photographic Supplies）：可能含有危险的化学品；

赛车车队设备（Racing car Team Equipment）：可能含有易燃的气溶胶、硝基甲烷、其他附加燃料或湿电池。

三、文件

1.货运单

货运单必须按TACT Rules Section 6.2中的要求正确填写。

另外，在货运单的"处理注意事项（Handling Information）"栏内注明以下内容：

① 附危险货物申报单（Dangerous Goods as Per Attached Shipper's Declaration），如需货机载运，加上"Cargo Aircraft Only（CAO）"；

② 危险货物品——不需危险货物申报单（Dangerous Goods—Shipper's Declaration not Required）。

其他要求请参阅IATA Dangerous Goods Regulations，Section 8。

2.危险货物申报单（Shipper's Declaration for Dangerous Goods）

托运人必须填写"危险货物申报单"，确定货物是完全准确地给予（命名）描述、分类、包装、标志及图标以及货物完全符合运输要求和国际、国内的政府规定，这种申报单有两种格式，图5-1为其中之一（另一种格式是电子版形式），填写完毕并签名的两份申报单付本应随同货物交给承运人。

注意：

危险货物申报单须由托运人填写并签名。

四、危险货物及法律

国际民航组织技术手册及国际航协危险品规则严格禁止不执行上述规定的危险货物的运输。

托运人的责任是严格按照这些规定来命名、包装、标志、标签及证明危险货物。

承运人的责任则是检查危险货物是否符合运输规定。

SHIPPER'S DECLARATION FOR DANGEROUS GOODS

Shipper	Air Waybill No. Page of Pages Shipper's Reference Number (optional)
Consignee	*For optional use* *for* *Company logo* *name and address*

Two completed and signed copies of this Declaration must be handed to the operator.	**WARNING**
TRANSPORT DETAILS	Failure to comply in all respects with the applicable Dangerous Goods Regulations may be in breach of the applicable law, subject to legal penalties.
This shipment is within the limitations prescribed for: *(delete non-applicable)* Airport of Departure:	
PASSENGER AND CARGO AIRCRAFT CARGO AIRCRAFT ONLY	
Airport of Destination:	Shipment type: *(delete non-applicable)* NON-RADIOACTIVE RADIOACTIVE

NATURE AND QUANTITY OF DANGEROUS GOODS

	Dangerous Goods Identification					
UN or ID No.	Proper Shipping Name	Class or Division (Subsidiary Risk)	Pack-ing Group	Quantity and type of packing	Packing Inst.	Authorization

Additional Handling Information

I hereby declare that the contents of this consignment are fully and accurately described above by the proper shipping name, and are classified, packaged, marked and labelled/placarded, and are in all respects in proper condition for transport according to applicable international and national governmental regulations. I declare that all of the applicable air transport requirements have been met.	Name/Title of Signatory Place and Date Signature (see warning above)

图5-1 托运人危险品申报单

五、标签

有两种标签必须粘贴在货物的外包装上：

① 危险品标签；

② 操作标签。

例如，向上放置及仅限货机标签见图5-2。

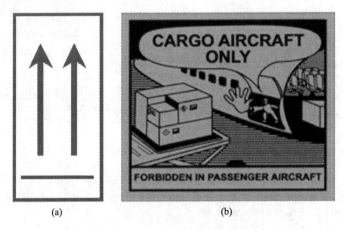

图5-2　向上放置（a）及仅限货机标签（b）

第二节
活体动物

活体动物的收运，应该严格按照IATA颁发的活动物操作手册和承运人关于该种活动物的特殊规定来办理，承运人制定特殊要求时，主要是考虑飞机的类型、中途站、始发地、目的地的温度条件及有无押运员等。

运输活动物需有关各方协调，应事先与航空公司联系，并应遵守以下几点。

（1）动物的健康状况　只有体质良好并能够空运至目的地的活动物才可接受承运，如果动物处于孕期或48小时前刚产仔，托运人需要预先声明，孕期的哺乳动物除非有兽医证明其在运输过程中不至于产仔，并能够安全地运抵目的地，否则不予承运。

（2）包装和标记　包装应该清洁，防止逃逸，能够安全地运输。

每一个活体动物容器上至少要贴一个活动物标签，除非个别容器另有要求。

（3）饲料和其他附属物品　随活体动物运输的附属品，如食品，其重量应计入计费重量内。

（4）活体动物必须预订全程舱位。

（5）混运　活体动物不得与其他货物混运，除非全部是活动物。

（6）文件　一般需要活体动物健康证明书和动物检疫证明书。

一、IATA活动物规则简介

IATA活体动物规则（Live Animals Regulation，LAR）见图5-3。

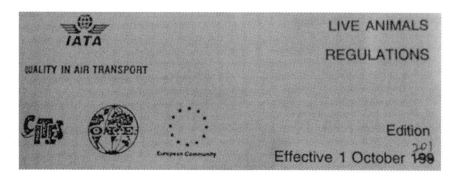

图5-3 活体动物规则LAR

《活体动物规则》每年以英语、法语和西班牙语出版发行。《活体动物规则》分为以下12章（These regulations issued annually in English，French and Spanish.The Live Animals Regulations are divided into 12 chapters follows）。

—Chapter 1—Application of the Regulations

This section gives general information about the regulations.It includes：

—a list of the countries which have formally adopted the provisions of the IATA Live Animals Regulations

—shipper's responsibilities

—carrier's responsibilities

—containers for carriage by air

—carrier's acceptance and liability

—Chapter 2—Governmental Regulations

This section gives general and specific information on governmental regulations.

—chapter 3—Carriage procedures

This section gives general airline information and also lists specific airline exceptions.

—Chapter 4—Reservations and Advance Arrangements

This section gives andvice and instructions to the carriers with particular reference to：

—reservations

—schedules and routings

—interline advance arrangements

—delivery to the consignee

—persons accompanying consignments

—Chapte 5—Animal Behavior

This section details various types of animal behaviour and gives information about disturbance，segregation，sedation and euthanasia and in—flight environment.

—Chapter 6—Listing Description and Sizes of Species

—This section contains :

—a classification of animals

—an alphabetical list of animals' common and scientific names, container requirements and CITES protected species

—a table giving the common description and size of adult animals

—Chapter 7—Documentation

This section gives the requiremets for forwarding by air.It covers :

—documentation（shipper's certification for live animals, air waybill, CITES documents and other documentation）

—Chapter 8—Container Requirements

This section gives the general and specific container requirements and information about stocking densities.

—Chapter 9—Marking and Labelling

This section details the marking and labelling requirements

—Chapter 10—Handling procedures

This section reproduces a basic "Live Animals Acceptance Check List" developed by the IATA Live Animals Board to assist agents and airlines to prepare shipments for air carriage.It also gives general and specific information about Ground Handling and Loading Procedures, covers Feeding and Watering and Health and Hygiene（including cleaning of the aircraft cargo compartments and animal holding areas）

—Chapter 11—Convention on International Trade in Endangered Species of Wild Fauna and Flora

This section gives general information about the Convention and lists its objectives, It also contains addresses where information may be obtained concerning CITES documentation and lists CTTES Management Authorities by Countries.

—Chapter 12—International Organization of Epizootics（OIE）

This section gives general information about the OIE and lists its objectives.

—Appendix A

This section lists IATA members, Associate Members and Other Airlines.

Note

The Live Animals Regulations are produced annually to ensure the welfare and safety of the animals on the ground and in the air, It is therefore essential only the latest edition of this publication is applied.

活体动物托运证明见图5-4。

《活体动物托运证明》应用英语填写，并应同时列明动物的普通名称和专业名称。

SHIPPER'S CERTIFICATION FOR LIVE ANIMALS
(to be completed in duplicate)

This is to certify that(check appropriate box):

☐ In addition to having completed all advance arrangements,the consignment is properly decribed and packed,and is in proper condition for carriage by air according to the current edition of the IATA Live Animals Regulations and all applicable carrier and govemmental regulations. The animal(s)of this consignment is (are)in good health and condition.

☐ Animals taken from the wild for shipment have been appropriately acclimatised.

☐ This consignment does not include Appendix I species as described inthe Convention on Intemational Trade in Endangered Species of Wild Fauna and Flora or in other applicable national legis ations. Applicable permits/certificates are attached to the air waybill.

☐ The endangered species contained in this consignment can legally carried and imported the country of ultimate destination and through the transit countries en route.

The shipper accepts that carriers will not be liable for any loss,damage or expense arising form death due to natural causes,or death or injury of any animal caused by the conduct or acts of the live animal itself or of other animals,such as biting,kicking,goting or smothering,nor for that caused or contributed to by the conditions,nature or propensities of the animals. In no event will carrier be liable for death or injury to an animal attendant caused or contributed to by the condition,conduct or acts of animals.

Number of Package(s)	Specific Container Requirment Number (see IATA Live Animals Regulations)	Species(description and names—scientific and common) and Quantity of Animals

Name and address of shipper _____ _____ Signature of shipper _____ Date _____ Year/Month/Day　(See revese side for special conditions)	Shippers failure to comply in all respects with the applicable IATA Live Animals Regulations and any other international and/or national-government regulations,may be in breach of applicable law and subject to legal penalties.

Air Waybill No.	Airport of Departure	Airport of Destination

图5-4　活体动物托运证明

二、货运单

货运单必须按照TACT Rules Scetion 6.2中的规定填写，品名栏内须按IATA活动物规章中活动物名称的要求填写活动物的普通名称。活动物的数量也要填上。

活动物不能与其他货物同用一张货运单，即活动物不能与其他货物混运。

三、其他文件

托运人还应出具活动物健康证明以及有关国家的进出口、转港许可证明，这些文件须与活动物一起运往目的地，所以须装订在货运单背面且在货运单的"处理注意事项"栏注明（见图5-5）。

Handlng information								
SHIPPER'S CERTIFICATION FOR LIVE ANMALS ATTACHED DO NOT FEED BUT FRESH WATER TO BEPROVIDED								SCI
No of Pieces RCP	Gross Weight	kg lg	Rate Class		Chargeble Weight	Rate/Charge	Total	Nature and Quantity of Goods (Incl Dlmensions or Volume)
			Commodity Item No					
1	48.0	K	S	N100	96.0	13.35	1281.60	1 LIVE DOG DIM:60cm×80cm×120cm×1

图5-5　航空货运单品名栏及处理注意事项

四、标记与标签

托运人必须在活动物的容器上用清晰、持久的字迹详细注明与货运单相一致的收货人的姓名、地址，并且须贴上IATA活动物标签及"向上"标签，如有必要，应在容器的四面都贴上"向上"标签。

如果容器内所装动物在叮、咬或接触时能放射毒素，应在容器上注明"POISONOUS"（有毒）标志。

实验用动物专用容器上应贴"实验动物"标签（见图5-6）。

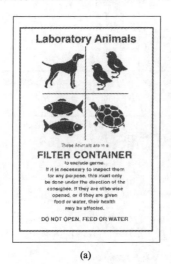

(a)　　　　　　　　(b)

图5-6　实验动物（a）和活动物（b）标签

五、运输前安排

1.运输路线

尽量选择直达航班，减少起降次数，以避免重复操作及气候变化带来的不适。

如必须中转的话，则应查询联程承运人有否特殊要求（参阅TACT Rules Scetion 8.3 Information by carrier），订妥全航程航班舱位。

2.机场设施及储存

确定货物的始发地、中转地和目的地能提供合适的设施及操作设备。

对于有特殊要求的活动物的装/卸机设备，请查阅TACT Rules Scetion7.3进出口及转港规定。

有些中转地与目的地的海关和检疫在周末及公共节假日不能提供服务，故活动物运输应避免这些时间。

有些活动物在中转时需添加食物和水，这时托运人有责任作好事先安排，而且确认在将动物交付给承运人时已将要求写清楚了。

就连大多数驯养的动物也本能地受环境、噪声及移动的影响，因此应在货物仓库为活动物设置单独的区域，即干燥、安静、通风的地方。

一般的野生动物（除了鸟类）更喜欢黑暗或较暗的地方，这会帮助它们休息，驯养动物和大多数鸟喜欢暗光。

活动物应远离干冰、放射性物质、尸体及食物。

天敌动物不应放在一起。

实验用动物应远离活动物，以避免交叉感染。

活动物呆过的房间或区域应每隔24小时进行消毒。

3.订舱

在收运活动物前应事先订舱，只有在所有的承运人在同意接受活动物后才可收运。

4.到达通知

当活动物已做好事先安排，舱位也已订妥后，应通知收货人详细的情况，以便尽快地办理海关及检疫手续。

5.检疫

收货人在活动物进口前必须明确货物是否需要检疫，需要的话应做好事先安排，且由托运人或收货人付费。

六、活动物的收运

1.收运限制

除一般货物的收运要求外，应详细查阅TACT Rules Scetion 2.3.3收运限制。

2.容器及处理要求

活动物的容器要牢固、清洁，以防止动物逃逸，还应有防止粪便外溢的装置，容器底部必须有漏孔并附有吸附作用的材料（但不可用稻草，许多国家对稻草限制进口），见图5-7。

LAR规定了动物的容器和处理需求。

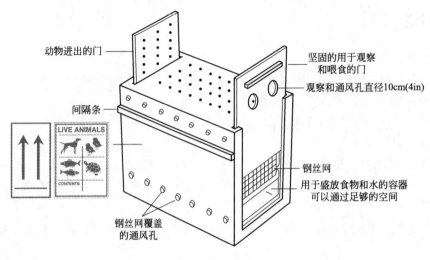

图5-7 活动物容器

3.适用的机型

下货舱装载活动物是受机型限制的,所以了解合适的装载空间与下货舱是否通风及温度是否可以调节是非常重要的。

大多数活动物可装在全货机的上货舱。

4.动物的装/卸及装舱

动物的装/卸应尽可能地接近飞机的起飞、降落时间。

动物的装舱应远离对动物有伤害的货物,如干冰、放射性物品、尸体、骨灰和食品。

5.喂食

一般情况下,活动物在中转时不需要喂食,如需要,托运人有责任作好事先安排。托运人必须确认在交付货物时已作好事先安排,提供的水应是新鲜的,没有冰过的。

活动物的附加食物应挂拴在动物容器上。

6.仓储

(1)根据动物习性,野生动物包括哺乳动物和爬行动物,喜欢黑暗或光线暗淡的环境,一般放置在安静、阴凉处;家畜或鸟类一般放置在敞亮的地方。

(2)不可在高温、寒冷、降雨等恶劣天气时露天存放活体动物。

(3)装载活体动物的容器要求与其他货物有一定的隔离距离以便通风。

(4)互为天敌的动物、来自不同地区的动物、发情期的动物不能一起存放。

(5)动物不能与食品、放射性物质、毒性物质、传染物质、灵柩、干冰等放在一起。

(6)实验用动物应与其他动物分开存放,避免交叉感染。

(7)除非托运人有特别要求,承运人不负责给动物喂食、喂水。

(8)经常存放动物的区域应定期清扫,清扫时应将动物移开。

7.运输前安排

(1)必须在订妥全程舱位之后方可收运。

(2)动物运输不办理运费到付。

(3)动物运输应尽量利用直达航班;如无直达航班,应尽量选择中转次数少的航班。

(4)应注意动物到达目的站的日期,尽量避开周末和节假日,以免动物运达后延误交付,造成动物死亡。

（5）只有部分机型的下货舱可以通风和控制温度。因此，动物装载在下货舱内运输时，应考虑不同的飞机所提供的运输条件。

（6）动物在运输过程中，由于自然原因而发生的病、伤或死亡，承运人不负责任；除非证明由于承运人造成的责任。

（7）由于托运人的过失或违反承运人的运输规定，致使动物在运输过程中造成对承运人或第三者的伤害或损失时，托运人应负全部责任。

（8）动物在运输途中或到达目的地后死亡（除承运人的责任事故外）所产生的一切处理费用，应由托运人或收货人承担。

七、收货人提取货物

前面已提到，应在动物到达前将动物运输情况通知收货人，以便尽快地报关和完成动物的检疫手续。

承运人应尽快安排活动物的提取手续。

八、运价和付款

活动物运价是附加的，详细请看运价计算部分。

活动物运输只能运费预付，请参阅 TACT Rules Scetion 2.3。

九、国家规定

在准备活动物运输前，托运人必须在事先详细了解有关的进出口许可、动物健康证明、检疫、中转要求、限制或禁止运输情况，包括活动物的饲料等。

详细情况请参阅 TACT Rules Section 7.3 Import/Transit/Export Regulations 进、出口及转港规定。

十、承运人的规定

请参阅 LAR Chapter 4 和 TACT Rules Section 8.3。除 LAR 提到的以外，许多航空公司对承运活动物有特殊的要求，如有的航空公司在有些机型上不接受活动物，或者在有的时间不接受活动物，或者在有的目的地不接受活动物。

除此之外，有些航空公司要求有动物押运员。

十一、承运人的责任

承运人对以下原因造成的动物损伤、死亡不负责任：

（1）动物自然死亡；

（2）动物自身行为造成的死亡；

（3）动物之间撕咬、啃、踢等行为的伤亡；

（4）动物自身的习性造成的伤害；

（5）动物包装不合理造成的损伤、死亡；

（6）动物自身不能抵御运输过程中环境变化造成的死亡；

（7）承运人对押运员伤亡也不负责任。

活动物收运检查单见图5-8。活动物国内运输托运证明书见表5-1。

IATA LIVE ANIMALS ACCEPTANCE CHECK LIST

Air Waybill No: _____ Origin: _____ Destination: _____

Note 1: Prepare form in duplicate

Note 2: If goods are rejected, hand the original of this form to the Duty Officer and show the shipper's and agent's name below.

Note 3: Never reject a shipment until all items have been checked.

Note 4: If goods are accepted, attach the original of this form to the air waybill. The duplicate must be placed on the appropriate file.

Note 5: Answer "not applicable" only where an "N/A" box is provided.

Note 6: If any question is answered "NO", do not accept the shipment and give the duplicate copy of this form back to the shipper or agent together with the consignment.

General Acceptance

YES N/A No

1. Have advance arrangements/bookings been made with all the carriers participating in the carriage of the live animals? ☐ ☐

2. When laboratory animals, such as monkeys, which may carry diseases communicable to human are being shipped, has the carrier(s) been advised in order to make the necessary arrangements? ☐ ☐

3. Have advance arrangements been made at the airport of destination, i. e. for quarantine and delivery? ☐ ☐

4. In the event of attendants accompanying the animal(s), have advance arrangements been made with all the carriers conerned? ☐ ☐ ☐

5. Does the shipment comply with current regulations in force at transit stations? ☐ ☐

6. Where applicable, have carrier/governmental exceptions been complied with? ☐ ☐ ☐

Air Waybill

7. Are the live animals the only entries on the air waybill? ☐ ☐

8. Are all filght numbers for which bookings are held for the entire routing indicated? ☐ ☐

9. Is the quantity of animals in the consignment, as well as their common names, which must as far as possible correspond with that listed in the IATA Live Animals Regulations, shown in the "Nature and quantity of goods"box? ☐ ☐

10. Are all relevant permits, including CITES where necessary, licences and certificates required for export, transhipment and import, securely attached to the air waybill and copies of those required affixed to the container? ☐ ☐ ☐

Shipper's Certificate

11. Is it completed in full and in duplicate? ☐ ☐

12. Does the description and quantity of animals agree with the infomation on the air waybill ☐ ☐

13. Is it signed by the shipper or his authorised agent? (Check that this is not an IATA cargo agent, consolidator, forwarder or indirect carrier) ☐ ☐

Container

14. Does it comply with the specific container requirement(s) as detailed in the IATA Live Animals Regulations?

(a) Is the size suitable for the particular type of animal? ☐ ☐

(b) Does it provide for sufficient ventilation? ☐ ☐

(c) Is the construction adequate? ☐ ☐

(d) Does it contain adequate handholds/liftihg deviced to facilitate handing and prevent the handler from coming into close proximity of the animal(s) ☐ ☐

YES N/A No

(e) Is it leak and escape proof? ☐ ☐

(f) Is the container clean? ☐ ☐

(g) Does it contain sufficient absorbent material? (Check that this is not straw, as some countries prohibit the importation of straw.) ☐ ☐

(h) Does the container have suitable feeding watering facilities? ☐ ☐ ☐

Labelling and Marking

15. Is the consignee's name, street and city address as per air waybill shown on each container? ☐ ☐

16. Is the correct number of "Live Animals" and "This Way Up"labels attached to each container? ☐ ☐

17. Has each "Live Animals"label been completed, i. e. reflecting the correct contents? ☐ ☐

18. For live animals which can inflict a poisonous bite or sting, is the container marked in bold letters "POISONOUS"? ☐ ☐

19. For Specific Pathogen Free (SPF) animals for laboratory use, does the container bear "Laboratory Animals"labels in addition to the labels required in question 16 above? ☐ ☐

20. When the animal has been tranquilised, have details been affixed to the container, i. e. time given, type of sedation, dosage and estimated duration? ☐ ☐

Feeding and Watering

21. If it is required that the animal(s) must be fed/waterd 'en route, have arrangements been made by the shipper/carrier with the other carriers/personnel downline? ☐ ☐ ☐

22. Are feeding instruction affixed to the container and are supplies (if required) attached to the outer top side of the container? ☐ ☐ ☐

23. Does any food or bedding (if provided) for the animal(s) contravene any regulations of the country(ies) of transit or importation? ☐ ☐ ☐

Comments: _____

_____

_____

CHECKED BY: _____

SIGNATURE   TIME   DATE

_____

NAME (BLOCK LETTERS)   AT (STATION)

SHIPPER/AGENT:

图5-8 活动物收运检查单

表 5-1　活动物国内运输托运证明书

货运单号码		始发站		目的站	

此证明书可以证明（在使用的各格内√）

除做好所有的预先安排外，该货物已正确描述和包装并且符合现行的国际航协《活动物规则》的规定，符合承运人和民航局的有关规定以及国家的有关规定。该动物健康状况良好，适合国内航空运输。

从野外捕获的动物已为运输进行了合适的驯化。

该货物中不含有受国家保护的野生动物。

该货物中含有受国家保护的野生动物，并持有政府部门签发的运输许可证，该许可证附在货运单后。

托运人同意接受以下条款：

（1）由于自然原因造成的动物死亡或由于动物本身的或与其他动物相互间的行为，如：咬、踢、抵、牙刺或窒息造成的动物死亡或伤害以及由此产生的一切费用，承运人不承担责任。

（2）由于动物自身原因或其行为造成的动物押运人员死亡或伤害，承运人不承担责任。

件数/包装	包装要求/编号 参阅国际航协《活动物规则》	动物种类（学号、普通名称）及数量
托运人姓名、地址、电话或传真：	托运人如果违反了国际航协《活动物规则》的有关规定以及政府法令而触犯法律要承担相应的法律责任	

十二、对几类动物运输的包装要求

（1）运输凶猛动物（如熊、山猫、野狗、狐狸、狼、虎、豹、狮等）的包装要求

① 运输上述的动物的容器必须坚固、安全。须用坚硬木料制作，容器前部应用粗钢丝网或铁栏杆制成。门上栏杆的距离，应能防止动物前爪外伸。容器后部应有一活门，活门必须有安全开关，以防动物逃逸而发生事故。

② 容器地板应做成铁筐形，使动物的排泄物能落到下面的托盘上。如不能做成铁筐形，则地板必须防漏，并应有吸湿物，保证动物的排泄物不外溢。

③ 容器必须保证空气流通，不致使动物窒息。容器的两侧，必须留有足够的通风孔，容器后面的滑门，应从上到下都有通风孔。通风孔的直径约为2.5cm，通风孔外面应有稀麻布或铁砂保护。

④ 为了地面运输工作人员的安全，动物容器上应有便于搬运装置。

⑤ 容器的大小，除应适应机门的大小外，还应根据动物的大小和数量而定，并应留有余地，保证动物能自由活动及站立。

⑥ 容器应装有供动物饮水的装置。

⑦ 此种容器亦适应运输狒狒和各种猩猩。

（2）运输一般动物（如驼羊、羚羊、小骆驼、鹿、家畜、骆马、斑马等）的包装要求

① 运输上述动物可用木质或轻金属容器，容器的两侧和顶部可用刨光的木料制作，或用麻布或帆布（内塞刨花或纤维）作衬垫。

② 容器两侧的木板不能低于动物站立时两肩的高度，肩以上可用木条板。两边条板之间的间隔应能足以防止动物的头脚伸出去。

③ 容器的后部应设一滑门或合页门，门上应备有安全插销，防止动物逃逸。

④ 容器的地板应做成条板式的，以防止动物滑倒。地板应能防止粪便溢漏，并应有吸湿物。

⑤ 必要时容器上应设有食槽，可从外面放饲料。

⑥ 装带角动物的容器，它的高度和宽度应保证不会伤及动物的角，动物的角不致刺穿容器顶部。

⑦ 容器的大小，应能对动物的活动有所限制，限制动物不能完全转身，以免动物活动时自身挤伤。容器下部四壁护板应坚固合适，使动物在活动时不致损伤动物腿蹄。

（3）运输鸟类的容器，应考虑鸟的生活习性使之在容器内能自由活动。

① 容器的大小要使鸟能自由上下栖息。

② 容器内设有盛装饲料和饮水的器皿。为防止鸟跌落水槽而溺死，可在水槽里放置小浮板。

③ 爱争斗的鸟必须分装。

④ 容器应备有足够的通气孔。如用铁纱罩时，必须处理好，以免伤害鸟类。

（4）运输爬行动物（如蛇等）的包装要求

① 爬行动物应装在结实的袋（编织尼龙网袋等）里，所用的袋应保证空气流通。将袋口封好，然后放在用胶合板制的外包装里。

② 胶合板箱应坚固，应有足够的通气孔，通气孔应有罗纱或铁纱保护，以防动物逃逸。

③ 箱盖应能抽动，箱底和周围应用金属片加固，箱外再用支承木加固。

（5）运输甲鱼的包装要求　用牢固的木箱包装，每只木箱高小于25cm，强度可承受同类包装、同类重量、体积八层堆积的压力。木箱底部要有相应的吸湿物衬垫，以免甲鱼排泄物溢出污染飞机。

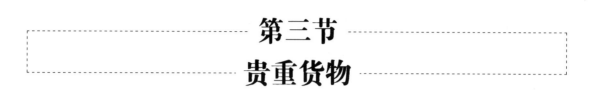

第三节
贵重货物

一、贵重货物的定义

请参阅TACT Rules Section 3.7.6。

（1）金锭（包括提炼或未提炼过的）、混合金、金币和各种形状的黄金制品：如金粒、片、粉、绵、线、条、管、环和黄金铸造物。

（2）白金（铂）或白金类稀贵金属（钯、铱、钌、锇、铑）和各种形状的合金制品，如铂粒、绵、棒、锭、片、条、网、管、带等；但上述金属和合金的放射性同位素不包括在内，而属于危险品，应按有关危险物品运输规则规定办理。

（3）现金。

（4）证券：例如，债券、股票等有价证券。

（5）宝石：例如，红宝石、绿宝石、蓝宝石、珍珠等。

（6）手表。

（7）每千克的声明价值超过1000.00美元或等值货币的货物。

黄金、铂金、现钞、宝石类物品是较易辨别的贵重物品，对于任何商品只要其每千克的声明价值大于或等于1000.00美元（450.00英镑），该商品也被视为贵重物品。

因此，检验货物是不是贵重物品，只需要托运人根据商业发票向承运人声明的商品价值除以该货物的实际毛重即可。如果所声明的价值为当地货币，只需将其用银行汇率换算成美元即可。

> 向承运人声明的价值：100000瑞士法郎
>
> 货物实际毛重：45kg
>
> 汇　率：1.56瑞士法郎＝1.00美元
>
> 每千克声明的价值：100000瑞士法郎/45kg＝2222.22瑞士法郎/kg
>
> 换　算：（2222.22瑞士法郎/kg）/（1.56美元/瑞士法郎）＝1424.50美元/kg
>
> 由此得出该货物为贵重物品。

二、运输文件

1.货运单

货运单的填开应按照TACT Rules Section 6.2中的规定，必须注意：

① 货运单必须注明托运人和收货人确切的姓名和地址；

② 始发地机场必须用全称；

③ 货运单的品名栏必须注明"贵重货物"；

④ 贵重货物不可与其他货物混运。

有些航空公司对运输贵重货物要求声明货物的价值，所以托运人应在货运单上注明货物的声明价值。

货运单填写举例见表5-2。

表5-2 航空货运单运费计算栏

| No of Pieces RCP | Gross Weight | kg/ lb | Rate Class | | Chargeable Weight | Rate Charge | Total | Nature and Quantity of Goods（Incl Dimensions or Volume） |
			Commodity Item No					
1	25.0	K	S	N200	25.0	118.60	2965.00	Valuable Cargo Gold Jewellery DIMS：400cm×30cm×30cm×1

2.其他文件

托运人应提供目的地国家要求的证明或许可，这些要求列在TACT Rules Section 7.3 Import/ Transit/Export regulations（进、出口及转港规定）中。

三、标记标贴

除货物运输标签外，不需要其他特殊的标贴。

四、包装要求

贵重物品的包装应坚固完好，不得有任何破损迹象，最好装在木制或铁制的箱内，必要时外面用"井"字形铁腰加固。包装上应有托运人的封志，如蜡封、铅封等。封志的数量要足够。封志上托运人的名称、地址必须与货运单上一致。

五、运输前安排

尽量选择直达航班，若必须中转的话，应检查续程航班承运人载运贵重货物的要求，请参阅TACT Rules Section 8.3 Information by Carrier（承运人的特殊规定）。

选择有能力运输的且距离托运人和收货人最近的机场安排运输。

1.机场设施和贮存

为了能使货站安全地存放贵重物品，仓库内应该有注册登记的单独区域，取出或存入贵重货物都应做好记录。

确定在货物的始发地、中转地和目的地有安全存放贵重物品的仓库。一些主要机场对贵重物品的存贮能力及收费情况，详见TACT Rules Section 7.3 Import/Transit/Export regulations（进、出口及转港规定）。

如在始发地、目的地无此类设施，那么必须保证贵重物品的安全操作。

2. 订舱

有些航空公司要求预定贵重货物的舱位，为安全起见，申请订舱及收到回电确认是相当重要的。

如需联程中转，一定要事先征得有关航空公司的同意，申请舱位及回电确认。

3. 到达信息

当事先安排已作好并得到确认，必须马上通知收货人有关货物的详细情况。

六、收运要求

贵重货物须按照TACT Rules Section 2.3.3 Restrictions in Acceptance（收运限制）中的要求收运。

注意：

贵重货物不能与其他货物混运。

应该确定贵重物品须经严格包装（捆扎或防止损坏的措施），确定货物的重量与货运单上的一致。

货物不仅受其性质限制，同时也受价值限制，在收运时一定要注意。一般情况下，一批货物的声明价值不得超过10万美元，对于每一架飞机也有一定的金额限制（各个航空公司不同），如超过时，需事先做好安排，与有关航空公司取得联系。

1. 贵重货物的装/卸机及装舱

贵重货物的装/卸是由承运人的仓库装上飞机，再由飞机卸下储存至目的地仓库。贵重货物应装在有特别安全控制或指定的区域，而且由工作人员上锁并封存，小件的贵重货物可装在有安全装置的储藏箱里，这类储藏箱通常设在飞机的客舱内，封志将延续至到达站，卸机时应仔细检查，有不正常情况应注明。

2. 收货人提取货物

目的站应会同海关当局与航空公司做好安排，以便货物到达后尽快地清关放行。

七、运价与付款

贵重货物的运价是附加的，详见运价计算部分。

八、国家规定

请详细查阅TACT Rules Section 7.3 Import/Transit/Export Regulations（进、出口及转港规定），

仔细核查是否符合始发地、中转地和目的地的规定。

九、承运人的规定

除TACT Rules Section 2.3.3的限制条件外，各承运人有不同的规定，应详细查阅TACT Rules Section 8.3 Information by Carrier（承运人的特殊规定）中的规定。

十、承运人的责任

根据《华沙公约》规定，承运人对货物的最高赔偿责任为每千克19SDR（特别提款权）或等值货币。如果货物的价值超过每千克19SDR，托运人要求承运人承担责任，托运人必须声明货物的价值并支付声明价值附加费。

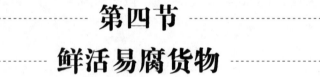

第四节
鲜活易腐货物

鲜活易腐货物是指在装卸、储存和运输过程中，由于气温变化和运输延误等因素可能导致其变质或失去原有价值的物品，常见的有：

① 鲜花（Fresh Flowers）；

② 植物（Live Plants）；

③ 水果（Fresh Fruits）；

④ 新鲜蔬菜（Fresh Vegetables）；

⑤ 新鲜的肉类（Fresh Meats）；

⑥ 海鲜（Fresh Seafood）；

⑦ 正在孵化的禽蛋（Hatching Eggs）；

⑧ 疫苗和医疗设施（Vaccines and Medical Supplies）。

一、所需文件

1.货运单

货运单的填开应按照TACT Rules Section 6.2中的规定，必须在货物品名栏内注明"鲜活易腐货物"（Perishable）。

2.其他文件

托运人应提供目的地国家要求的证明或许可，这些要求列在TACT Rules Section 7.3 Import/Transit/Export Regulations（进、出口及转港规定）。

二、标贴

每件鲜活易腐物品的外包装上应贴有IATA的鲜活易腐"标贴"及"向上"的标贴（见图5-9）。

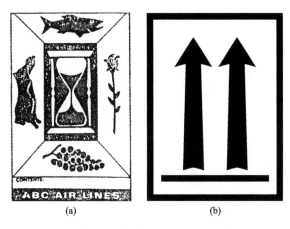

(a)   (b)

图5-9　鲜活易腐（a）及向上（b）标签

三、运输前安排

1.航线
选择直达航班，把运输时间缩短至最小。

2.机场设施与储存
每一件产品都需要特殊的操作与储存（如温度、湿度等），托运人应对特别要求作书面指示，如冷藏等，应在货运单上注明。

查阅TACT Rules Section 7.3 Import/Transit/Export Regulations，确认在始发地、中转地、目的地能提供操作设备。

如周末和节假日海关休息，应避免在这些时间运至目的地。

食品的储存应远离有毒物品和传染性物品、活动物和尸体、骨灰。

3.订舱
运输此类货物一般需花较长时间去做计划，因此托运人在交运此类货物之前必须预订所需的吨位。

运输鲜活易腐货物应安排直达航班。如果一定要有多个航班转运时，必须获得所有参加运输的承运人关于订妥吨位及选择运输路线的确认，否则不可接受非直达航班运输鲜活易腐物品。

4.到达通知
当已做好事先安排，必须马上通知收货人有关托运的细节，以便其迅速做好提取货物的准备。

四、收运要求

鲜活易腐货物的收运应符合TACT Rules Section 2.3.2中的规定，保证货物及包装处于良好状态，符合运输要求。

1. 机型

考虑有些特定的货物在空中要求温度调节、空调系统、存放空间以及是否在地面时也能提供，是相当重要的。

2. 装舱

须严格遵守托运人的指示。

五、货物交付

应事先通知提货人有关货物运输的情况，收货人应尽快地办理清关手续，及时提货。

六、运价和付款

鲜活易腐必须预付，运价计算详见计算部分。

七、国家规定

参阅 TACT Rules Section 7.3 Import/Transit/Export Regulations（进、出口及转港规定）。

八、承运人规定

承运人的规定公布在 TACT Rules Section 8.3 Information by Carriers（承运人的特殊规定）。

第五节
湿　货

湿货是指带有水或会出水的货物。例如：

① 鲜鱼、虾、肉等，温度要求在 0 ~ 5℃；

② 活鳗鱼、龙虾、小龙虾，温度要求在 5 ~ 15℃；

③ 冷藏物品；

④ 湿的鲜花、蔬菜；

⑤ 软饮料。

以上货物的包装应能防止漏水。

湿货同时又是鲜活易腐物品，应符合鲜活易腐货物的要求。

一、所需文件

1. 货运单

按TACT Rules Section 6.2中的规定填写货运单。

2. 其他文件

托运人应提供目的地国家的证明或许可，这些规定列在TACT Rules Section 7.3 Import/Transit/Export（进、出口及转港规定）。

二、标贴

每一件货物的外包装应贴上IATA"鲜活易腐"及"向上"标贴。

三、事先安排

承运人装载湿货时应在货舱及集装器上铺盖塑料布，并用塑料布包住湿货，保证包装件不会漏水渗入机舱，不会污染、腐蚀飞机或其他货物。

四、对几类鲜活易腐货物在处理中的要求

1. 鲜花

鲜花对温度的变化很敏感，所收运的数量应取决于机型的要求，通常可采用集装箱运输。托运人应在飞机起飞前的最后限定时间内到机场交货，装机时应注意天气的变化。

2. 蔬菜

由于一些蔬菜含较高的水分，若不保持充分通风状况的话，会导致氧化变质，因此每件包装必须保证通风，摆放时应远离动物及有毒物品，以防止污染。如果用集装箱装运，不可与其他货物混装。大多数蔬菜会散发出一种叫乙醇的气体，会对鲜花和植物造成影响，因此蔬菜不可与鲜花、植物放在同一舱内。

3. 新鲜/冷冻的鱼、肉

必须密封包装、不致渗漏液体，必须小心存放以免造成污染。机舱和集装器内必须洁净，若之前运输过活动物的话，必须经过消毒处理，操作人员也应经过卫生检查。

4. 干冰

干冰常被作为货物的冷却剂。因此，应在货物包装、货运单以及舱单上注明。由于干冰是固体二氧化碳，因此用干冰冷却的货物包装上应有使二氧化碳气体散出的漏孔并根据IATA有关对限制物品的规定，在货物外包装上做好标记或贴有关标贴。

五、运输不正常的处理

（1）如遇班机延误、衔接脱班，因延长运输时间而对货物的质量发生影响时，航空公司将及时通知收货人或托运人征求处理意见并尽可能按照对方意见处理。在此期间，对鲜活易腐货

物按要求妥善保管。同时，尽可能安排最早的航班运出。

（2）在运输过程中货物腐烂变质时的处理

① 在运输途中货物发生腐烂变质或在目的站由于收货人未能及时提取使货物腐烂变质时，航空公司将视具体情况将货物毁弃或移交当地海关和检疫部门处理，由此发生的额外费用将通过货运单填制人向托运人收取。

② 发现此类货物腐烂变质时，航空公司将填写运输事故记录并通知托运人或收货人。

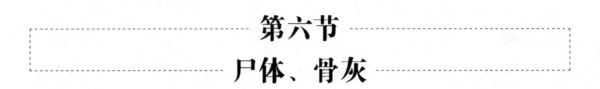

第六节
尸体、骨灰

尸体、骨灰属于等级货物，并具有很高的感情色彩，因此，应把此类货物视为较敏感且紧急的货物。故没有特殊的原因，代理人不受理此类货物。

尸体必须是非传染病死亡并经过防腐处理，应封存装于铅或锌制作的内棺材中，外加木制棺材并用帆布等包裹好。

一、尸体

1. 文件要求

在货运单"路线和目的站"栏内要填写指定的运输路线和各航段指定的承运人。

① 在"航班/日期"栏内应填写已订妥舱位的航班及日期。

② 在"货运单所附文件"栏内，应注意附有死亡证明及入殓证明书各一份。

托运人必须提供卫生或其他有关部门出示的死亡证明书、入殓证明书。

③ 死亡证明书（Death Certificate）。死亡证明书应包括下列内容：死者姓名、年龄、性别、国籍、死亡日期、死亡原因，特别注明属于非传染病而死亡。

④ 入殓证明书（Certificate of Burial）。入殓证明书应说明尸体的包装符合金属箱内应铺放木屑和木炭等吸湿物，连接处焊牢，以防气味或液体渗溢的要求；棺内除尸体及衬垫外，无其他物品；证明书上的死者姓名等项，应与死亡证明书上所列内容相符。

证明书一式两份，一份留始发站存查，另一份附在货运单后，随货物带往目的地。

2. 事先安排

（1）航线　选择直达航班。

（2）机场设施及储存　棺材是重货，所以有必要确认始发地、中转地及目的地的操作设备，如叉车等，详阅 TACT Rules Section 7.3 Import/Transit/Export Regulations（进、出口及转港规定）。

尸体应与其他货物分开存放，并远离活动物。

（3）订舱　尸体应事先订妥全航程航班的舱位。骨灰无需订舱，并可装在任何飞机上。

（4）到达通知　当事先安排已做好时，应尽快通知收货人有关货物的详细情况。

3. 收运要求

灵柩必须最迟在飞机起飞前2小时由托运人送往机场。

灵柩尽量装在集装板上。

灵柩必须远离动物和食品。

灵柩必须在旅客登机前装机，在旅客下机后卸机。

散装时，灵柩不能与动物装在同一货舱内。

灵柩只可以水平放置，不可以直立或侧放。

灵柩装机前或卸机后，应停放在僻静地点，如果条件允许，应加盖罩布，与其他货物分开存放。

分别装有灵柩和动物的集装器，装机时中间至少应有一个集装器间隔。

凡经中国中转的尸体，续运前应停放在当地办理丧葬部门的停尸室内。如中转时间不长，也可停放在机场适当地点，但应妥善处置、加盖罩布，与一般货物分开。

到达站在收到关于尸体运输的通知后，应及时通知收货人在飞机到达前在机场等候提取。

注意：

由于传染病而死亡的尸体，必须火化后作为骨灰方可收运。

二、骨灰

（1）骨灰需装在封妥的罐内或盒内，外面用木箱套装。

（2）有关证明文件　托运人必须提供卫生或其他部门出示的死亡证明书、火化证明书。

① 死亡证明书（Death Certificate）；

② 火化证明书。证明书一式两份，一份留始发站存查，另一份附在货运单后，随货物带往目的地。

（3）货运单填写　在货运单上注明"急"或加盖"急"的字样标记。

在"货运单所附文件"栏内应注明附有死亡证明书以及火化证明书各一份。

（4）运输　骨灰可装在下货舱，亦可由旅客随身携带。

应事先通知机组人员。

（5）收货人提取货物　告知收货人到达情况，协商提取事宜，确定所需的文件都已收到并且准确地填写完毕。安排海关放行。

三、运价和付款

尸体、骨灰的运价是附加的，详见运价计算部分。

尸体、骨灰的运费只能预付。

四、国家规定

托运尸体骨灰时，必须具备所有的文件，如死亡证明、防腐证明、殡仪馆的证明以及其他需要的文件。

请参阅 TACT Rules Section 7.3 Import/Transit/Export Regulations（进、出口及转港规定）。

五、承运人的规定

承运人的限制条件公布在 TACT Rules Section 8.3 Information by Carrier（承运人的特殊规定）。

第七节
作为货物运输的行李

旅客在乘机时交运的行李，只要在其客票的免费行李额内，可免费交运。如果行李的重量超过了免费行李额，旅客可支付逾重行李费，或将行李运到货运部门作为货物托运。作为货物运送的行李不一定与旅客同机到达目的地。

作为货物运送的行李是指旅客的个人衣物，包括手提的乐器、手提打字机和手提的运动器具。但机器设备、零部件、现金、债券、珠宝、手表、餐具、毛皮、胶片、相机、票证、文件、香水、家具物品及推销商的样品等不包括在内。

一、文件要求

1.货运单

按 TACT Rules Section 6.2 中规定填写外，还应在货运单上注明旅客的客票号码、航班号、航班日期、始发地和目的地。

如行李的钥匙随货运单一同运输的话，必须在货运单的储运注意事项（Handling Information）栏内注明。

2.其他文件

有些国家要求列有行李内容和价值的清单，详见 TACT Rules Section 7.3 Import/Transit/Export Regulations（进、出口及转港规定）。

二、标记与标签

除货物运输标签外，无须其他标签，但应在行李的外包装上详细注明托运人/收货人的名称地址。

三、事先安排

如托运人（旅客）要求无人陪伴行李同机到达时，应事先做好安排，订妥全航程航班的舱位。

四、收运要求

（1）作为货物运送的行李，只能在旅客客票中所列各地点的机场内运输，且不得迟于旅客乘机之日。

（2）旅客应自行（委托代理人）办妥海关手续，支付有关的费用。

（3）旅客必须申报行李内容，备齐运输和清关所需的文件。

（4）行李运输的具体日期由承运人决定。

五、提取货物

旅客提取货物时的清关手续要比客运的行李复杂得多，故可以请海关报关行办理。

六、运价和付款

运价和付款详见第四章运价计算部分。

第八节
强烈异味货物

有些货物（如硫化物、香精油和一些热带水果）如包装不严密，会散发出恼人的异味，这不仅会影响到乘客，也会渗透到其他货物中去。因此，货物包装应当能保证不散发异味。

收运要求详见 TACT Rules Section 2.3.3 Restrictions in Acceptance（收运限制）。

第九节
超大超重货物

一、货物要求

货物的形状和重量各不相同，是否能够运输，主要取决于承运人所提供的机型及装卸设备，收运时请查阅TACT Rules Section 8.3 Information by Carrier（承运人的特殊规定）及Section 8.2 Loading Charts（装机单）决定能否收运。

二、事先安排

（1）每件超大超重货物必须事先确定重量和体积，以便让承运人事先做好安排。有些承运人对未订妥吨位的超大货物不承运。

（2）超大超重货物，如大型机器、设备、汽车、钢材等，由于它们的体积和重量较大，一般不需包装，操作时必须有设备。一般情况下，货物应固定或放在距地面一定距离的平台上，以便装卸车辆装卸。

（3）确保货物内不含有危险性的物品（如电池、燃油等），如果有此类物品，应按IATA有关危险品运输规定处理。

（4）货物重量、体积受到每种飞机机型的最大载量、机舱容积和舱门大小的限制，详见TACT Rules Section 8.2 Loading Charts（装机单）或Section 8.3 Information by Carrier（承运人的特殊规定）。

第十节
武器、弹药、战争物资

这类货物，无论是猎用的还是军用的，一般均属于禁运品，必须详细参阅TACT Rules Section 7.3 Import/Transit/Export Regulations（进出口及转港规定）及Section 8.3 Information by carrier（承运人的特殊规定）。

如能承运，武器应拆装，弹药属危险品，应按危险物品运输规定办理。

练习思考题

1.何谓特种货物？特种货物分为哪几大类？

2.什么是危险货物？危险货物分为哪几大类？

3.危险货物申报单应由谁来填写并签名？

4.收运活动物时应注意哪些要求？活动物证明应由谁来填写并签名？

5.什么是贵重货物？其包装有何特别要求？

6.收运贵重货物有何价值限制？收运一批贵重货物和一架飞机载运贵重货物的价值限制有何不同？

7.何谓鲜活易腐货物？哪些货物属于鲜活易腐？

8.尸体、骨灰运输的文件要求有哪些？

9.哪些货物可以作为货物运送的行李交运？

第六章

货物运输及运输变更

学习目标

1. 了解运输路线的选择。
2. 能熟练掌握货物的发运顺序。
3. 了解运输变更的内容和要求。
4. 熟练掌握货物费用更改通知单及其填写。

第一节
货物的运输

一、承运人及运输路线的选择

（1）应优先选择中国民航航班及与我国民航有联营协议、总代理协议和联运协议的承运人（协议双方互相委托、相互承认运输凭证、相互有财务结算关系、有协议运价和折扣运价）。

（2）尽量选择直达航班、距离目的地站近的路线运输。

（3）按货运单上所指定的承运人及运输路线安排运输（指定承运人应经承运人同意）。

（4）选择顺方向的路线。

（5）选择方便转运的路线。

（6）不得选择与我国民航无联运关系和避免经过有关国家法令及规定禁止货物过境的路线。

二、货物的发运顺序

由于飞机载量限制，承运人应当按下列顺序运输货物：

（1）飞机停场急需的零配件；

（2）外交信袋；

（3）订妥吨位和10kg以下的货物；

（4）快件、急救药品和医疗器械，鲜活易腐货物、动物、尸体和骨灰、危险物品；

（5）报纸、书刊、杂志、电影片；

（6）一般货物按照收运的先后顺序发运。

三、货物运达期限

（1）根据承运人与托运人约定的契约条件，承运人应当在合理的时间内将货物运至目的地。

（2）托运人预先订妥航班、日期、吨位的货物，承运人应当按照托运人指定的时间内将货物运至目的地。

第二节
运输变更

一、变更的内容

托运人在交运货物之后和收货人提取货物之前，有权对其货物做出以下处理。

1.对货运单上所列费用及付款方式的变更

（1）将预付运费改为到付运费或将到付运费改为预付运费。

（2）更改代垫付款数额（我国承运人尚未提供代垫付款服务）。但托运人不可更改下列金额：

①货物运输声明的价值；

②保险价值（我国国际航空尚未开展保险业务）。

2.对货物运输方面的变更

①在运输始发站将货物撤回——发运前退运。

②在任何经停站停止货物运输——中途停运。

③将货物交给货运单上列明的收货人以外的任何人——变更收货人。

④将货物退回始发站机场——运回原处。

二、变更的要求

托运人要求变更运输时应做到：

（1）书面提出要求，并出示货运单正本（托运人联）。

（2）保证负担由此而产生的一切费用。

三、始发站承运人或代理人、托运人变更运输的处理

1.托运人自愿变更运输的处理

（1）发运前退运

①承运人收回货运单正本；

② 扣除已发生的各项费用；

③ 填开退款签收单，在退款签收单上注明应当扣除款项、类别及金额；

④ 将所余金额，连同退款签收单和托运人联一并交给托运人。

（2）发运后变更运输

① 始发站应当与有关航站联系，有关航站应当复电证实；

② 收到始发站要求变更运输的通知后，承运人应当视情况按有关规定处理。

（3）托运人变更要求不能执行时，承运人应当立即通知托运人。

（4）托运人已办理货物托运手续后，要求变更运输时，承运人不退还声明价值附加费。

2.托运人非自愿变更运输处理

（1）变更运输的权利

① 货物交运后，必要时承运人有权变更运输；

② 货物在中途变更运输，只有货运单上所列的承运人有权处理。

（2）发生非自愿变更运输，承运人应当采取措施尽快将货物运至到达站。

（3）承运人应当依照下列规定处理运输费用

① 在始发站退运货物，退还全部运费；

② 在中转站退运货物，运费多退少不补；

③ 在中转站将货物运回原始发站，退还全部运费；

④ 在中转站改用其他运输工具将货物运至到达站，超过部分由承运人承担。

3.注意事项

始发站承运人或其他代理人在接受托运人变更运输要求时，应注意以下几点。

（1）托运人要求将货物由目的地退回时，应符合下列任一条件：

① 收货人尚未提货或尚未要求提货；

② 收货人拒绝提货。

（2）托运人不得要求将货运单上所列明的部分货物变更运输，也不得使整批货物分批变更运输。

（3）不得由于托运人变更运输而损害承运人或其他托运人的利益，如不能满足托运人要求时，应及时通知托运人。

四、始发站承运人或其他代理人接受托运人变更费用的处理规定

1.发运前

要求变更付款方式或代垫付款数额：

① 收回原货运单；

② 重新填开新货运单；

③ 分别根据情况补收或退回运费，并按有关航空公司的收费标准向托运人收取变更运输手续费、货运单费等。

2.发运后和提取前

要求变更付款方式或代垫付款数额：

① 填写货物费用更改通知单（货物费用更改通知单的式样及使用方法见"五运费更改"中的规定）；

②分别根据情况补收或退回运费，并按有关航空公司收费标准向托运人收取变更运输手续费。

五、运费更改

1.关于国际货物运费更改办法

在国际货物运输过程中，由于托运人的原因或由于承运人（或其代理人）工作差错，需要更改运费数额或运费的付款方式，在发现后，应及时采取措施予以更改，具体办法如下。

（1）托运人办完托运手续后，要求将运费由预付改为到付，或由到付改为预付的处理。

① 如货物尚未发运，应重新填开货运单，并分别视情况退回或补收运费，收取退运货物或变更运输手续费及货运单费（作废货单应收费）。

② 如货已发运，可按下列办理：

a.如货已订妥吨位，货运单上填有订妥的各承运人的代号及航班日期，应由始发站承运人通知指定承运人，要求在货运单上做相应的更改并要求复电，随后向有关指定承运人发送货物运费更改通知单（CCA），待证实后，向托运人补收或退回运费，并收取变更手续费。

b.如该货未订妥吨位，货运单上也未填明承运人，则可直接电告目的地站有关部门，在货运单上做相应更改，并要求证实；随后应填写"货物费用更改通知单"，通过第一个转运点的第二个承运人，以便所有承运人能在货运单上作相应更改，待始发站得到证实后向托运人补收或退回运费，并向托运人收取更改运输手续费。

c.如货已被收货人提取，则将情况告知托运人，不予办理变更手续。

（2）如因承运人（或其代理人）的工作过失所造成的运费多收、少收或错列付款方式时，应发电通知有关承运人和货物目的站有关部门，要求作相应更改，并要求复电证实。

无论何种原因造成的差错，除应及时发电通知有关承运人和货物目的站有关部门要求证实还必须填制"货物费用更改通知单"（CCA）一式若干份（视需要而定），送沿途有关部门，包括货物目的站交付货物空运企业和始发站财务部门，同时应留一份附存根联上，以备后查。

（3）更改托运人留存货运单（即托运人联）。

2.货物费用更改通知单的填写

货物费用更改通知单[（Gargo Charges Correction Advice，CCA）]的样本见图6-1，各栏均已用数字标明，具体填写如下。

① ①A ～ ①C如已指定货物运输承运人或已定妥吨位，则应将各承运人的有关部门名称、货物发送航班号、日期分别填入①A、①B、①C栏内。

如未指定货物运输各航段承运人，则只在①A（第一栏）内填写第一承运人即可。

②填货运单号码。

③填始发地名称。

④填目的地名称。

⑤填货运单的填开日期、地点。

⑥填货运单上原列明的费用具体项目和不正确的费用的数额。

⑦填更改后的费用具体项目和数额。

⑧填写更改原因及注意事项。

⑨填更改通知单的发送单名称、地址，经手人在此盖章或签字。

⑩ 货物费用更改通知单的回执有关承运人填妥签字后撕下退交始发站。

⑪ 填开更改通知单的日期、地点。

⑫ 托运人及收货人的名称、地址。

⑬ 更改通知单的编号。

CARGO CHARGES CORRECTION ADVIE (CCA)

Recipient or Issuing Carrier's Agent Name and City.		Recipient's or Agent's Code.	Date of Issue ⑪
			Place of Issue ⑫
			Number ⑬
To 1 ⒶA		Flight No. ⒷB	Date ⒸC
To 2 ⒶA		Flight No. ⒷB	Date ⒸC
To 3 ⒶA		Flight No. ⒷB	Date ⒸC

Will transfer stations please fill in lines 2 or 3 ar appropriate and re—forward this form immediately to next carri-cr. The alip below must only be filled in and returned to issuing carrier by the deliverling carrier.

AWB No. ②	From ③	To ④	Date ⑤

AIR WAYBILL CHARGES HAVE BEEN CORRECTED/ADDED AS FOLLOWS.

Currency	Revised/Corrected Charger		Original/Incorrecr Charges		Remarks and reason for issuing advice.
	Prepaid	Coller	Prepaid	Collecr	
Weight Chare	⑦		⑥		
Vaination Chare					
Other Charges due Carrier					
Other Charges due Agent					
					In case of non—delivery enter all charges due at destinartion for collection from shipper.
Total					

CC   1
     2   ⑧
     3

Please correct your documents accordingly and confirm action taken by returning to us, duly signed,the slip below.

Cosignee	Thank you ⑨
	Yours faithfully
	Address
Cosignee	Signature

- -

TO:

⑩

From: _____⑬_____ (Airline)

At: _____⑫_____ (Station)

Date: _____⑪_____

We herewith confirm having corrected our documents and taken the necessary action as per your instructions.

Ref. AWB No. _____   Carrier's Ctamp _____

Ref. CCA No. _____   Signature _____

图6-1   运费更改通知单CCA

? **练习思考题**

1.货物的发运顺序有何要求？

2.托运人可对货物运输机货运单做哪些变更？哪些内容不可变更？

3.CCA的全称是什么？什么情况下应填制CCA？如何处理？

第七章

集装器简介

学习目标

1. 了解集装运输的特点以及集装设备的种类。
2. 能根据集装器的编号熟练识别集装器的型号及与飞机的适配性。
3. 能够熟练掌握集装货物组装的基本原则。

第一节
集装运输的设备

一、集装运输的特点

集装运输就是将一定数量的单位货物装入集装货物的箱内或装在带有网套的板上作为运输单位进行运输，集装运输具有如下特点。

① 减少货物装运的时间，提高工作效率。以集装运输替代散件装机，可以减少地面等待时间。

② 减少货物周转次数，提高完好率。

③ 减少差错事故，提高运输质量。采用集装设备，工作人员有充裕的时间做地面处理，可以提前按货物的到达和种类进行集装，成组上机或下机，减少差错事故的可能性。

④ 节省货物的包装材料和运费。采用集装箱进行运输，箱体较为坚固，对货物有保护作用，所以对采用集装器进行运输的货物，在包装上要求较低，这样就可以节省用于包装货物的材料的费用。

⑤ 有利于组织联合运输和"门到门"服务。货物运输的集装箱化，进行海空、陆空联运，是货运发展的大趋势，集装箱可以直接租给用户、送到企业，实现"门到门"服务。

二、集装设备的种类

装有集装器的飞机，其舱内应有固定集装器的设备，把集装器固定于飞机上，这时集装器就成为飞机的一部分，所以飞机的集装器的大小有严格的规定。

1.组合结构的集装器

① 飞机集装板和网罩（Aircraft pallet and net）。

② 飞机集装板，网罩和无结构拱形盖板（Aircraft pallet net and nonstructural igloo）。

2.全结构集装器

① 底舱货物集装箱（Lower deck cargo container）。

② 主舱货物集装箱（Main deck cargo container）。

③ 有结构拱形集装箱（Structural igloo assembly）。

（1）集装板（Pallets） 集装板是根据机型要求制造的一块平面台板，将货物集中放在板上，用网罩或拱形盖板固定，然后锁定装入机舱内，以达到速装、速卸的目的。

集装板面积：

224cm×318cm （88in×125in）

224cm×274cm （88in×108in）

244cm×606cm （96in×238.5in）

244cm×318cm （96in×125in）

集装板厚度一般不超过1in，在板的边缘应有固定网罩的装置，网罩可用绳子或皮带打成方形或菱形网格（见图7-1）。

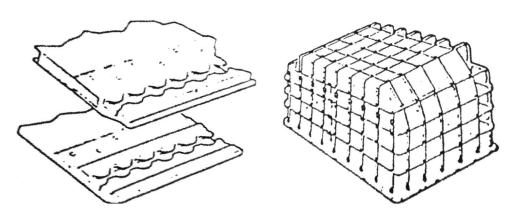

图7-1　集装板

（2）拱形结构（Igloo） 无结构拱形盖板（Non-structural igloo）前面敞开没有底部的结构，用硬质的玻璃纤维、金属或其他材料制成，拱形形状是为了与机舱的轮廓相一致，可放在与客舱交接部位并与集装板同用，外面用网罩固定（见图7-2）。用拱形盖板可使集装板容纳最大载量。

当无结构拱形板具备前部和底部并摆脱网罩固定，单独使用时，就变为有结构拱形箱（Structureal igloo），见图7-3。

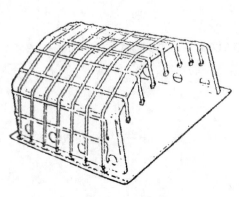

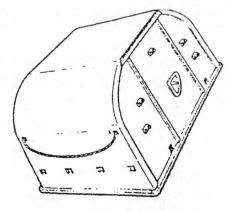

图7-2　无结构拱形盖板　　　　　　　　　　图7-3　有结构拱形箱

（3）集装箱（Container）　集装箱主要分为以下几种。

①空陆联运集装箱（Intermodal containers）。20ft（1ft=0.3048m）或40ft宽、8ft高可装在宽体货机主舱内。此类集装箱主要用于空运及转入地面运输时使用（公路、铁路、海运）。

②主货舱集装箱（Main deck containers）。163cm（64in）高或更高一些，因此只能装在货机（客货机）主舱内。

③下货舱集装箱（Lower deck containers）。只能装在宽体飞机下部集装箱舱内，有全型和半型两种类型。机舱内可放入一个全型或两个半型的此类集装箱。集装箱高度不得超过163cm（64in）。下货舱集装箱见图7-4。

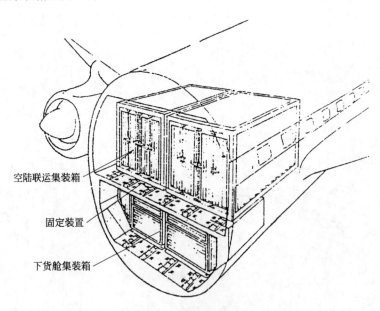

空陆联运集装箱

固定装置

下货舱集装箱

图7-4　下货舱集装箱

（4）注册和非注册集装器

①注册集装器（Certified）。此类集装器是被政府有关机构授权的集装器制造商授予证书并满足飞机安全需要的集装器，此类集装器被认为是飞机可装卸的货舱，能起到保护飞机设备和构造的作用（见图7-5）。

② 非注册集装器（Non-certified）。非注册的集装器是指未经过有关部门授权生产的，未取得适航证书的集装器（见图7-6）。非注册的集装器不能看作为飞机的一部分，因为它与飞机不匹配，一般不允许装入飞机的主货舱，但这种集装器的确适合于地面的操作环境，它仅适合于某些特定机型的特定货舱，如DPE类的集装器仅适宜于B767。

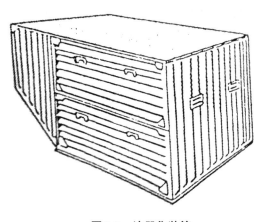

图7-5　注册集装箱

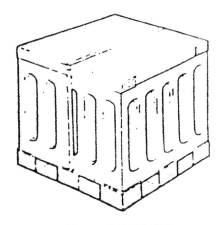

图7-6　非注册集装箱

第二节
集装器识别及货物组装基本原则

一、集装器识别

1.集装器代号

每个集装器都编有数字和字母组成的IATA9字代号，例如：P A P 5001 F M。

第一位：字母，集装器型号；

第二位：字母，集装器底部尺寸；

第三位：字母，集装箱顶部外形及适用机型；

第四～七位：数字，序号；

第八位、第九位：字母，集装器拥有者两字代号。

2.集装器型号

A：有证书集装箱；

D：无证书集装箱；

P：有证集装板；

R：有热制造证书集装箱；

U：无结构拱形构板。

各种型号集装器见图7-7。

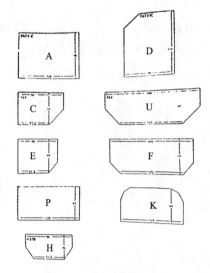

图7-7 各种型号集装器

3．集装器底部尺寸

A：224cm×318cm （88in×125in）；

B：224cm×274cm （88in×108in）；

E：224cm×135cm （88in×53in）；

G：224cm×606cm （88in×238.5in）；

K：153cm×156cm （60.4in×61.5in）；

L：153cm×318cm （60.4in×125in）；

M：244cm×318cm （96in×125in）。

4．集装器顶部外形适用机型

E：适用于装B747，A310，DC10，L1011下货舱无叉眼装置的半型集装箱；

N：适用于装B747，A310，DC10，K1011下货舱有叉眼装置的半型集装箱；

P：适用于装B747COMB上舱及B747，DC10，L1011，310下舱的集装板；

A：适用于装B747F上舱集装箱。

 注：

该字母的使用各航空运输企业有所不同。

二、集装货物的基本原则

（1）检查所有待装货物（图7-8）：根据货物的卸机站、重量、体积、包装材料以及货物运输要求设计货物组装方案。

图7-8　待装货物

（2）一般情况下，大货、重货装在集装板上；体积较小、重量较轻的货物装在集装箱内。组装时，体积或重量较大的货物放在下面，并尽量向集装器中央集中码放；小件和轻货放在中间；危险物品或形状特异可能危害飞机安全的货物，应将其固定，可用填充物将集装器塞满或使用绳、带捆绑，以防损坏飞机设备造成事故。合理码放货物（图7-9），做到大不压小、重不压轻、木箱或铁箱不压纸箱。同一卸机站的货物应装在同一集装器上。一票货物应尽可能集中在一个集装器上，避免分散装在集装器上。

（3）在集装箱内的货物应码放紧凑，间隙越小越好，见图7-10。

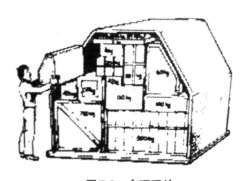

图7-9　合理码放

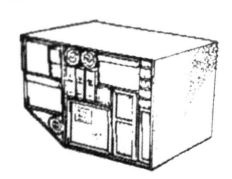

图7-10　码放紧凑

（4）如果集装箱内没有装满货物，即所装货物的体积不超过集装箱容积的2/3，且单件货物重量超过150kg时，就要对货物进行捆绑固定。最好用标准绳具将货物固定在集装箱内的卡锁轨里（图7-11）。

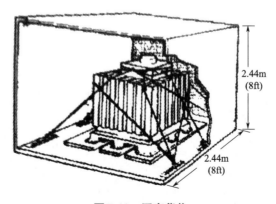

图7-11　固定货物

（5）特别重的货物放在下层，底部为金属的货物和底部面积较小、重量较大的货物必须使用垫板（见图7-12），以防金属货物损坏集装板，同时可以分散货物对集装器底板的压力，保证集装器能够平稳顺利地装入飞机。

（6）装在集装板上的货物要码放整齐，上下层之间要相互交错，骑缝码放，避免货物与货物坍塌、滑落，码放样例见图7-13。

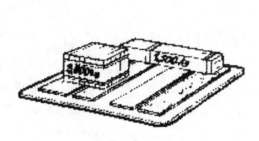 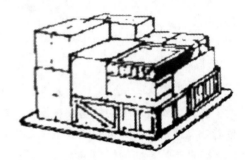

图7-12　使用垫板　　　　　　　　　　图7-13　码放样例

（7）装在集装板上的小件货物，要装在其他货物的中间或适当地予以固定，防止其从网套及网眼中滑落。一块集装板上装载有两件或两件以上的大货时，货物之间应尽量紧邻码放，尽量减少货物之间的空隙。

（8）探板货物组装：一般情况下不组装低探板货物。确因货物多，需充分利用舱位，且货物包装适合装低探板时，允许装低探板。但是，装低探板货物要按照标准码放，码放货物要合理牢固、网套要挂紧，必要时要用尼龙带捆绑，保证集装货物在运输的过程中不发生散落或倾斜。

三、各类飞机装载集装器的数据

了解不同飞机能够装载多少板、箱，对于国际货物运输有着实实在在的意义，下面通过表7-1列出。

表7-1　飞机装载的数据

机型	舱门尺寸/cm （高×宽）	最大装载量 （散舱容积）	动物舱位
B747-400 COMBI	主货舱305×340	7块P6P集装板或5块20ft板	可以
	前下货舱168×264	5块P1P板/P6P集装板	
	后下货舱168×264	16个AVE箱或4块P6P板或4块 P1P板加4个AVE箱	
	散装舱119×112	12.3m³（4408kg）	
B767-300	前货舱175×340	4块P1P板/P6P集装板	可以（无气味）
	后货舱175×187	14个DPE箱或7块PLA板	
	散装舱119×97	12.0m³（2925kg）	

机型	舱门尺寸/cm（高×宽）	最大装载量（散舱容积）	动物舱位
B777-200	前货舱 170×270	6块P1P板/P6P集装板或18个AVE箱	可以（无气味）
	后货舱 170×180	14个AVE箱	可以（限板）
	散装舱 114×91	17m³（4082kg）	可以
A340-300	前货舱 169×270	6块P1P板/P6P集装板或18个AVE箱	可以
	后货舱 169×270	4块P1P板/P6P集装板或14个AVE箱	不可以
	散装舱 95×95	19.6m³（3468kg）	可以
B737-300	前货舱 88×121	10.4m³（2269kg）	可以
	后货舱 88×117	19.6m³（3462kg）	
B737-800	前货舱 89×122	19.6m³（3558kg）	可以
	后货舱 84×122	25.4m³（4850kg）	

四、常用集装器简介

了解一些常见的集装器数据（表7-2），对于装板箱非常有帮助。

表7-2 常见的集装器数据

名称	地板尺寸/cm	高度/cm	最大毛重/kg	使用机型
AKE	153×156	163	1588	通用
P1P	224×318	163	6804	宽体飞机货机
P6P	224×318	163	6804	宽体飞机货机
P6P	119×153	163	1250	B767专用

？ 练习思考题

1. 什么是集装货物运输？有何特点？

2. 如何识别集装器的编号？

3. 集装货物的组装有哪些基本原则？

第八章

货物的到达和交付

学习目标

1. 了解航空公司进港货物的操作程序。
2. 熟练掌握货物的交付和提取要求。
3. 正确处理无法交付货物。

第一节
货物进港

国际货物运输的进港业务流程是从飞机到达目的地机场，承运人把货物卸下飞机直到交给收货人的物流、信息流的实现和控制管理的全过程。

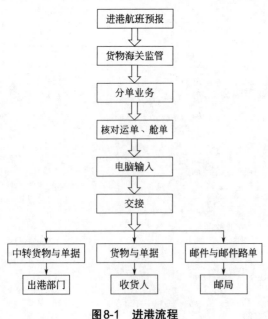

图8-1　进港流程

航空公司进港货物的操作程序如下（见图8-1）。

1.进港航班预报

填写航班预报记录本，以当日航班进港预报为依据，在航班预报册中逐项填写航班号、飞机号、预计到达时间。

预先了解货物情况，在每个航班到达之前，从查询部门拿取航班FFM、CPM、LDM、SPC等电报，了解到达航班的货物装机情况及特殊货物的处理情况。

2.办理货物海关监管

业务袋收到后，首先检查业务袋的文件是否完备，业务袋中通常包括货运单、货邮舱单、邮件路单等运输文件。检查完后，将货运单送到海关办公室，由海关人员在货运单上加盖海关监管章。

3.分单业务

在每份货运单的正本上加盖或书写到达航班的航班号和日期；认真审核货运单，注意运单上所列目的港、代理公司、品名和运输保管注意事项；联程货运单交中转部门。

4.核对运单和舱单

若舱单上有分批货，则应把分批货的总件数标在运单之后，并注明分批标志；把舱单上列出的特殊货物、联程货物圈出。

根据分单情况，在整理出的舱单上标明每票运单的去向。

核对运单份数与舱单份数是否一致，做好多单、少单记录，将多单运单号码加在舱单上，多单运单交查询部门。

5.电脑输入

根据标好的舱单，将航班号、日期、运单号、数量、重量、特种货物、代理商、分批货、不正常现象等信息输入电脑，打印出国际进口货物航班交接单。

6.交接

中转货物和中转运单、舱单交出港操作部门。

邮件和邮件路单交邮局。

第二节
货物的交付和提取

一、提货通知

（1）货物到达目的站，承运人应尽快根据货运单上所列地址和姓名通知收货人，通知方式可采用电话通知和发提货通知单通知，普通货物在到达的当日通知收货人或其代理人，特别紧急和有时间性的货物，在货物到达后，立即通知提货。

（2）当提货通知发出后，没有收到提货人的指示，必须间隔地再发出提货通知（次数可根据交通条件等情况而定，14～21天），第三张通知书应以挂号邮件的方式发出。

（3）若货运单上除了收货人栏内的收货人外还列有另请通知人时，该另请通知人也必须被通知到。

（4）货运单目的站在我国某一城市，而收货人地址位于我国另一城市，收货人要求将货物运至其所在城市，收货人应在货运单目的地办理海关手续，或经由目的地海关批准由目的地监管至收货人所在地办理海关手续。

二、货物交付

1.货物收货人

货物只能交付给：

① 货运单上所列收货人本人；

② 收货人书面授权提取货物的代理人；

③ 由收货单位书面授权的其他提货人。

2. 提货手续

收货人提货时，要求出示货运部门发出并经所在单位加盖公章的货物到达通知单（见图8-2）和收货人居民身份证（包括其他有效证明和证件）。如果收货人不能亲自提货而由他人提货时，除按上述规定外，还应提供单位介绍信和提货本人的居民身份证。

（1）对于贵重物品，除按上述规定办理外，货运部门还应该通过电话与收货人单位核实后才予发货。

对于鲜活货物或其他急货，收货人还未收到提货通知单，货运部门可凭托运人给收货人的货运单的传真件或复印件、单位介绍信和收货人、提货人的居民身份证发货。

（2）对于外国驻华使馆的货物，如由外国人提取，可凭其护照发货；如由中方雇员提取，可凭其单位介绍信和本人身份证发货。

（3）收货人查询货物时，必须提供货运单或货运单号码，托运人和收货人的单位、地址和姓名。

3. 货物交付程序

（1）查验收货人的有效身份证件或者其他证明。收货人自行办理海关放行手续和政府规定的其他手续。

（2）计算收取相关费用，其中包括运费到付款及其手续费。

（3）保管费的收取

① 普通货物，自承运人发出到货通知的次日起免费保管3日。分批到达的普通货物的免费保管期限从通知提取最后一批货物的次日算起。超过免费保管期限的货物，每日每千克收取保管费0.10元人民币，保管期不满1日按1日计算。每票货物最低收取保管费5.00元人民币。

② 贵重物品，自贵重物品到达目的地站的次日起，每日每千克收取保管费5.00元人民币，保管费不满1日按1日计算。每票货物最低收取保管费50.00元人民币。

③ 危险物品，自承运人发出到货通知的次日起免费保管6小时。超过6小时的货物，每日每千克收取保管费0.50元人民币，保管期不满1日按1日计算。每票货物最低收取保管费50.00元人民币。

④ 凡需要冷藏的鲜活易腐物品或低温、冷冻物品，自航班到达后免费保管6小时。超过6小时，每日每千克收取保管费0.50元人民币，保管期不满1日按1日计算。每票货物最低收取保管费10.00元人民币。

⑤ 计算收取各项到付货物运费以及在目的站发生的费用。

（4）承运人按照货运单上列明的货物件数清点货物交付收货人。

（5）收货人提取货物时，发现货物毁灭、遗失、损坏或延误，应当场向承运人提出异议，并会同承运人当场查验，由承运人按规定填写运输事故记录，并由双方签字或盖章。

（6）收货人提取货物时，对货物外包装或重量有异议，应当场查验或者重新计重核对；必要时应当填写运输事故记录，并由双方签字或盖章。

（7）收货人提取货物并在货运单上签字而未提出异议，则视为货物已完好交付并与运输凭证相符合的初步证据。

4. 其他情况

（1）货物被政府有关部门扣留或因违章等待处理存放在承运人仓库内，由收货人或托运人承担保管费和其他有关费用。

（2）托运人所托运的货物与货单上所列品名不符或者在货物中夹带我国和运输过程中有关国家的法律、行政法规和其他有关规定禁止运输的货物，未经准运许可限制运输的货物，在任何情况下禁止运输的或者未办妥政府豁免批准手续的禁止运输的危险物品时，承运人应当按照以下规定处理：

① 在始发站停止发运，通知托运人提取，货物运费不退；

② 在中转站停止发送，通知托运人，货物运费不退，并对品名不符的货物，按照实际运送航段另核收货物运费；

③ 在目的站，对品名不符的货物，另核收全程货物运费。

货 物 到 达 通 知
NOTICE OF CARGO ARRIVAL

中國東方航空
CHINA EASTERN

.... 年 ...... 月 ...... 日（第 ...... 次通知）
Day Month Year Time Notice

兹有贵单位下达货物已于 .... 月 ...... 日由 ...... 航班运达上海，请前往上海浦东国际机场中国货运航空公司浦东基地提取。（迷航路，海天五路口）

Please be notified that shipment mentioned below has arrived at Shanghai on .... by Flight .... You are required to take delivery of the shipment at the International Air Cargo Terminal, Hongqiao Airport, Shanghai.

货运单号码	件 数	重 量
Air Waybill No.	Number Of Pieces	Weight

收货人姓名及地址
Consignee's name and address

（附货运单一份和发票） （第一次通知于 .... 月 .... 日发出）
A Copy of air waybill and invoices (s) attached   The 1st' notice was mailed on ....

运费到付和运费到付手续费.
CHARGES COLLECT AND CHARGES
COLLECT FEE
提货时需付运费和运费到付手续.
The freight charges and charges collect fee are to
be paid by you in the amount mentioned herein.

→ 人民币 .... 元
CNY

保管费收取标准
THE STANDARD OF STORAGE CHARGE
保管费按中国民用航空总局规定收取.
storage charge will be collccfed as required by General Administration of Civil Aviation of China.

海关手续和其他政府手续.
CUSTOMS AND OTHER GOVERNMENT FORMALITIES
请在提货前办妥海关手续和其他必要的政府手续.
You are required to obtain the Customs clearance and to complete other necessary government formalities before taking delivery of the shipment.

无法交付.
NON–DELIVERY
自货物到达后十四天内，如不提取或不付清运费，承运人将采取适当的措施与托运人联系并按其指示处理货物.
In case the shipment are not delivered within 14 days after arrival or freight charges are not paid within the period, the carrier will take appropriate action to obtain shipper's instruction as to disposition of the shipment.

提取时间   提货时需凭此通知
SERVICE HOURS   Must present this notice when taking delivery
自上午8点至下午4点（特种货物除外）
From 8 a.m.to 4 p.m. daily (except for special cargo)

交付收据 DELIVERY RECEIPT IN LIEU OF AIR WAYBILL NO. ....

兹收到货物	件数	重量
Shipment received	Number of Pieces	Weight

货物完好无损
by the undersigned in good condition.

收货日期 .... 收货单位（人）...................... （盖章）经手人 ....（签名）
Date of receipt   Signature of handling   Signature of consignee

说明：   ....（证件）
Remaarks

图8-2 货物到达通知单

三、无法交付货物

1.无法交付货物原因

货物到达通知发出后，由于下列原因，收货人没有提取货物时，到达站应当通知托运人和始发站，并征求托运人对货物的处理提示。

①货运单上所列地址无收货人或收货人地址不详；

②收货人对货物到达通知不予答复；

③收货人拒绝提货；

④收货人拒绝应付费用；

⑤其他原因。

2.无法交付货物的处理

①若托运人在30天内提出处理意见时，将第二次通知托运人和始发站。

②按照上述第①款规定办理后，如果承运人收到托运人对货物处理意见，应当按照托运人的意见对货物做相应的处理。

③从货物到达后三个月内仍未获得答复，承运人则按无法交付货物处理，填制无法交付货物通知单通知始发站，并根据《中华人民共和国海关法》的规定，将该货物交给海关处理。对于无法交付的货物，承运人则按规定收取该货物运输中发生的装卸、储存等费用（但货物到达目的地后，收货人在三个月内未办妥提货手续的，承运人在处置货物前，应当通知收货人）。

无法交付的鲜活易腐或者其他保存有困难的货物，承运人应当与海关商洽后处理，如作毁弃处理所产生的费用，应当有托运人支付。上述货物无法交付的限期可视情况合理确定。

对于无法交付货物的处理结果，应当通知始发站并通知托运人。

3.运费到付货运费的收取

①目的站填开CCA，向始发站结算所有费用；

②始发站负责向托运人收取到付运费和在目的站发生的其他所有费用。

四、运费到付手续费的收取

（1）运费到付手续费需向收货人收取，其适用百分比和最低收费详见TACT Rules 7.2.2。

（2）将始发地货币价换算成付款地货币：

①将始发地货币按银行卖出价换算成付款地货币。

②一般情况下，应使用付款地国家的当地货币付款。然而，也可以用TACT Rules 5.7.1中未标有"＋"号的货币支付。此时，可将始发地的当地货币用银行买入价换成所需的货币。

③使用的比价应是填开提货通知单当日有效期的银行牌价。

（3）根据TACT Rules 7.2.2中的规定，至中国的运费到付手续费的收取规定为"运费＋声明价值附加费"的2%，且最低不得低于100.00元人民币。

 例8-1

TYO to SHA
Weight Charge：JPY142300

Valuation Charge：JPY37800

TTL Other Charges　Due Carrier：JPY2400

Exchange Rate：100JPY = CNY7.0624

计算：

（1）将所有的费用换算成人民币，即JPY182500×0.070624 = CNY12888.88

（2）收取费用到付手续费，即运费和声明价值费的2%

（142300+37800）×0.070624×2% = 254.39

总计应向收货人收取13143.27元人民币。

五、进港货物的费用变更

进港货物的费用变更，一般应根据始发站发来的CCA做相应的处理，分以下几种情况。

1.正常提取货物

对于正常提取货物，做如图8-3所列处理。

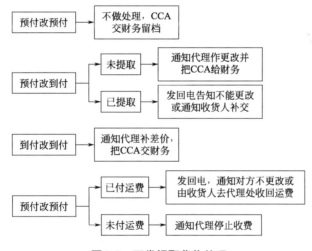

图8-3　正常提取货物处理

2.无人提取货物

对于无人提取货物应上交海关，处理程序见图8-4。

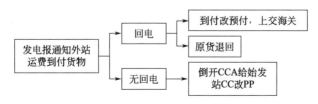

图8-4　无人提取货物处理

附：在中国进口的货物应当具备的条件

1.包装

在包装上应注明"中华人民共和国"（People's Republic of China），应标有托运人、收货人的姓名、地址和货物件数、重量、总重量及货物运单号码。

2.对一些物品（棉花、化肥、石油产品、橡胶、生化产品、染料等）在到达时必须经过中国进出口商品检验监察局检验。始发站国家在向中国出口以前，托运人必须咨询有关中国对该类产品进口的规定以避免海关的罚款

3.所有发往中国的文件以及货运单上必须有"中华人民共和国"（People's Republic of China）字样

4.对于商品进口，必须具备：

（1）两张由托运人签字的商业发票，分别注明商品的离岸报价（FOB）和到岸的价格（CIF）。

（2）货物的商品价值超过250.00美元时，应具备中国领事馆出具的货物发票（对没有商业价值的货物不要求）。

5.活动物

（1）始发站应出具健康证明及狂犬病预防证明。

（2）必要时，收货人应带其兽医一同前往机场。

（3）当活动物运入中国时，承运人应遵守下列的检疫规定：

① 所有的承运人必须严格遵守由中国政府及向中国出口国政府签发的检疫协议。

② 在一架飞机或一个货舱内禁止运输两种以上不同的动物；同一种类但来自不同地方的动物；同种但不同托运人或收货人的动物。

③ 所有活动物的容器、包装、衬垫物等必须经过检疫和消毒。

6.进口植物应出具健康证明

7.危险品

在货物的包装、数量等情况符合危险品运输规定的条件下，中国民航接受易燃、腐蚀、毒害、放射性等性质以及其他类型的危险品。

8.仓储

可免费保管3天，超过3天需支付保管费。

？ 练习思考题

1.承运人应按什么程序交付货物？

2.什么是无法交付货物？哪些原因可造成无法交付货物？若无法交付货物是鲜活易腐物品，应如何处理？

第九章

责任与赔偿

学习目标

1. 了解并掌握承运人的责任。
2. 掌握索赔发生的地点和时限以及赔偿程序。

第一节
责　任

一、承运人的责任

1.承运人的责任

承运人从货物收运时起到交付收货人货物时止，承担安全运输责任。在此期间，由于承运人的过失货物发生丢失、短少、变质、污染、损坏，承运人应当承担赔偿责任。

2.承运人应免除的责任

对于下列原因造成的货物损失，承运人可免除责任：

① 不可抗力，如自然灾害、战争；

② 包装方法或容器有问题，但从外部无法发现；

③ 包装完整，封志无异状，而内件短少或损坏；

④ 货物的合理损耗，如动物的自然死亡，鲜活易腐货物的自然变质；

⑤ 承运人已采取措施但无法制止货物损坏，如机械故障；

⑥ 托运人或收货人的过失。

3.承运人的最高责任限额

根据《华沙公约》和《海牙议定书》规定，承运人对货物的最高责任赔偿额为每千克19SDR或250金法郎。

二、货物延误运达的责任

货物运输契约中有运达期限要求的货物，而承运人未能按约定期限运达时，应承担违约责任。

因气象条件或不可抗力的原因造成货物逾期运达，可免除承运人的责任。

三、托运人、收货人的违约责任

有下列情形之一，造成承运人或第三者损失，托运人、收货人应当承担违约责任：

① 在货物内夹带、匿报危险品及有害物品；

② 错报货物数量、货物品名不符或违反运输包装标准和规定；

③ 因托运人、收货人的故意行为和过失行为；

④ 违反我国和运输过程中有关国家法律、行政法规和其他有关规定；

⑤ 由于托运人的过错，造成承运人或者第三者损失。

第二节
赔　偿

一、索赔

索赔是托运人、收货人或其他代理人对承运人在货物运输过程中，或在承运人进行的附属服务中造成的货物被损、延误或内容短缺等而向承运人提出赔偿要求，一般应以书面形式提出。

二、提出赔偿

（1）托运人或收货人是当然的索赔人。

（2）在得到托运人或收货人的权益转让书后，下述单位（人）也有资格提出赔偿：

① 承保货物的保险公司；

② 受索赔人之托的律师；

③ 有关的其他单位；

④ 集运货物的主托运人或主收货人。

三、正式提出赔偿的地点和时限

收货人提货时，如未以书面形式提出异议，就表示货物完整无缺地交给了收货人，在此后，收货人或托运人就无权提出赔偿（除内伤货物证明是承运人的责任外）。收货人发现外包装已有破损、数量减少、斤数短缺，即有权对货物完好提出异议，如收货人证实货物确实已经损害或缺少，可在规定的地点和时限内向承运人提出赔偿。

1.索赔地点

（1）索赔要求一般在目的站办理。

（2）收货人或者托运人的索赔要求应当以书面形式向货运单所属的承运人提出，或者向第一承运人或者最后承运人或者货物运输过程中发生损失或者延误的承运人提出。

（3）不属于受理索赔的承运人接到索赔要求时，应当及时将索赔要求转交有关承运人，并通知索赔人。

2.索赔时限

货物发生损失或者延误的，收货人或者托运人应当在发现损失或者延误后向承运人提出异议，任何异议均应当写在运输凭证或者另以书面形式提出。除承运人有欺诈行为外，收货人或者托运人未在以下规定的时间内向承运人提出异议并在损失或者延误发生的两年内以书面形式向承运人提出赔偿要求，收货人或者托运人就丧失了向承运人进行索赔的权利。

（1）货物发生损坏的，至迟应当自收到货物之日起14日内提出。

（2）货物发生延误的，至迟应当自货物交付收货人处置之日起21日内提出。

（3）货物发生毁灭或者遗失的，应当自货运单填开之日起120日内提出。

四、索赔的受理

接到收货人或托运人要求赔偿的文件后，应立刻进行处理。但在事故未调查清楚前或未经赔偿主管部门批准之前，不能作肯定赔偿具体金额的答复。

1.办理货物赔偿的程序

（1）托运人、收货人或其代理人书面向承运人提出货物损失的赔偿要求。索赔人的索赔文件，应提供下述资料：

① 索赔原因；

② 要求索赔金额的依据及计算方法（附发票或其他证据）；

③ 实际损失金额证据；

④ 货运单或货运单的复印件；

⑤ 集运货物的集运货运单（HAWB）和运输代理人与委托人之间的赔偿交往文件。

如索赔人未提供上述资料或所提供的资料不齐全，可不受理赔偿，但应书面通知对方。

（2）工作人员应在收到的索赔文件上盖上收到文件的日期（年、月、日）。

（3）通知有关货运部门或驻外办事处，告知本处已受理赔偿，以防止重复赔偿。

（4）函告索赔人，表示已受理赔偿要求，信件进行答复表示已确认。

一般可简要答复如下：

"贵单位_____ _____收到，关于_____（年、月、日）（文号）　　　　（货运单号）

货物的赔偿事宜，我们正在调查中（已报送上级待批）将尽早函告结果。"

（5）对事故进行调查，判明事故的责任。

对事故的调查内容：收集运输记录（Handling records），向有关站索取运输记录及有关资料。主要有：

① 运输事故报告（Cargo damage/loss report）；

② 遗失货物/多收货物报告（Cargo missing/found report）；

③ 交付收据（Delivery receipt），正式的交付收据应为货运单的第四联，如无此联，则可用印制的交付收据代替；

④ 货物仓单（Cargo manifest）；

⑤ 联程货物的转运交接单；

⑥ 来往电报。

（6）编制"国际货物损失事故调查报告单"，连同受理赔偿必备的文件上报审批。

（7）填写"国际货物索赔单"办理赔偿。

（8）按比例分摊赔偿的货物，应按规定收回其他承运人承担的责任部分。

2. 确定货物的实际损失和赔偿金额

3. 对赔偿钱款的确定

（1）对于整件货物的丢失或整件货物破损，应按CIF发票的价值，决定所丢失的货物或所破损的货物的价值。一票货的多件货中若干件受损或遗失应按实际受损数量赔偿。

（2）对于部分破损的货物，一般按修理发票决定实际损失价值，对于受潮货物（如衣物、布匹等）一般只赔偿清洗费用。

（3）对由于承运人的过错造成的延误　对于延误的赔偿额，应为因延误所造成的直接损失，但最高不得超过货物丢失或破损的赔偿额。有些航空公司对延误的赔偿，一般控制在运费的范围内。

（4）内伤货物和货物内短缺的责任　内伤是指货物外包装完好，但货物的内容破损了。对此类货物的破损，如无确实的证据证明是由于承运人的过错造成的，是不应当负责的。但对于外包装破损或有偷窃痕迹的，则应当负责。批货由多件组成，有若干件受损或遗失，但每件重量不知，则以每件平均数量计算赔偿金额。

（5）由多件组成而受损或遗失部分导致整批货物失去其原有价值的，则应按整批货的实际价值赔偿。

4. 承运人对国际货物赔偿最高责任限额

由于承运人的原因造成货物丢失、短缺、变质、污染、损坏，应当按照下列规定赔偿。

（1）托运人未向承运人办理货物声明价值，承运人应当按实际损失的价值进行赔偿，但赔偿最高限额为毛重每千克19SDR或其等值货币。

（2）托运人已向承运人办理货物声明价值，并且支付了货物声明价值附加费，承运人按照货物声明价值赔偿，除非承运人证明托运人所办理的货物声明价值高于货物的实际价值。

超过货物运输合同约定期限运达的货物，承运人应当按照货物运输合同约定进行赔偿。

货物的一部分或者货物中的任何物件发生毁灭、遗失、损坏或者延误的，用以确定承运人的赔偿责任限额的重量，仅为该一包件或数包件的总重量。但是，因货物的一部分或者货物中的任何物件发生毁灭、遗失、损坏或者延误，影响同一份货运单所列其他包件的价值的，确定承运人的赔偿责任限额时，此种包件的总重量也应当考虑在内。

五、诉讼和仲裁

（1）承运人和托运人或者收货人在执行航空货物运输合同发生纠纷时，应当通过协商解决，如果协商未能解决，任何一方均可以向合同管理方申请调解或者仲裁，也可以向司法机关提起诉讼。

（2）有关赔偿的诉讼，应当按照原告的意愿，在一个缔约国的领土内，向承运人总部所在地或者签订合同的机构所在地法院提出，或者向目的地法院提出。

（3）诉讼程序应当根据受理法院的法律规定办理。

（4）诉讼期限的计算方法应当根据受理法院的法律决定。

（5）《中华人民共和国民用航空法》规定，航空运输的诉讼有效期限为2年，自民用航空器到达目的地点、应当到达目的地点或者运输终止之日起计算。

（6）由几个承运人办理的货物连续运输，每一承运人就根据航空货物运输合同办理的运输段作为运输合同的订约一方。在运输过程中，对货物的毁灭、遗失、损坏或者延误，托运人有权对第一承运人提起诉讼，收货人有权对最后承运人提起诉讼，托运人或收货人均可以对发生货物毁灭、遗失、损坏或者延误等的运输区域段的承运人提起诉讼。上述承运人应当对托运人或者收货人承担连带责任。

（7）对实际承运人履行的运输提起诉讼，可以分别向实际承运人或者缔约承运人提起，也可以同时向实际承运人和缔约承运人提起，被提起诉讼的承运人有权要求另一承运人参加应诉。

❓ 练习思考题

1.承运人对货物的运输应负什么责任？

2.什么是承运人的最高责任限额？哪些原因造成的货物损失，承运人可免除责任？

3.什么情况下，托运人、收货人应负违约责任？

4.哪些人或单位有资格提出索赔？正式提出索赔的时限、地点有何规定？

参考文献

[1] 孙继湖.航空运输概论.北京：中国民航出版社，2009.

[2] 赖怀南，彭巍.公共航空运输概论.北京：中国民航出版社，2003.